Gabriele Berger-Faragó

ZEIT:

Menschliches Maß, kosmische Kraft oder Geschenk Gottes?

Augustin, Michael Ende, Eilert Herms und Kohelet über Zeit und Ewigkeit

Gabriele Berger-Faragó

ZEIT:

MENSCHLICHES MASS, KOSMISCHE KRAFT ODER GESCHENK GOTTES?

Augustin, Michael Ende, Eilert Herms und Kohelet über Zeit und Ewigkeit

ibidem-Verlag
Stuttgart

Bibliografische Information Der Deutschen Bibliothek

Die Deutsche Bibliothek verzeichnet diese Publikation in der Deutschen Nationalbibliografie; detaillierte bibliografische Daten sind im Internet über <http://dnb.ddb.de> abrufbar.

∞

Gedruckt auf alterungsbeständigem, säurefreien Papier
Printed on acid-free paper

ISBN: 3-89821-188-6
© *ibidem*-Verlag
Stuttgart 2003
Alle Rechte vorbehalten

Printed in Germany

meinem Mann

Martin

gewidmet

VORWORT

Vieles ist schon über Zeit geschrieben worden, sei es aus philosophischer, theologischer, physikalischer oder psychologischer Sicht. – Ist ein weiteres Buch zu diesem Thema deshalb überhaupt notwendig? Zwar birgt das Phänomen 'Zeit' auf physikalischer Ebene noch viele Rätsel, deren Aufdeckung unsere Weltsicht und unser Verständnis von Zeit revolutionieren könnten, und auch auf philosophischer und theologischer Ebene wurden und werden immer wieder neue Erkenntnisse hervorgebracht; dieses Buch jedoch stellt nicht den Anspruch, eine neue Dimension von Zeit zu eröffnen. Vielmehr ist dieses Werk das Resultat der Begegnung dreier verschiedener Theorien und Abhandlungen über Zeit aus zwei verschiedenen Jahrtausenden und unterschiedlichen literarischen Bereichen, die dargestellt und miteinander verglichen werden.

Die wohl bekannteste der drei untersuchten 'Zeit-Theorien' ist die antike, bereits aus dem 4. Jahrhundert stammende philosophisch-theologische Abhandlung von Aurelius **Augustinus** in seinem XI. Buch der *Confessiones*. Aus einer gänzlich anderen Epoche (1973 erstveröffentlicht) und einem völlig anderen literarischen Bereich kommt das nicht minder tiefgreifende Kinderbuch *Momo* von **Michael Ende**, dessen philosophische Tiefe sich hinter einer einfachen, selbst für Kinder verständlichen, äußerst poetischen Sprache und Metaphorik verbirgt und sich dem über Zeit nachdenkenden erwachsenen Leser möglicherweise erst auf den zweiten Blick hin eröffnet, das aber dennoch in vielen Gedanken über die Zeit denen von Augustinus sehr ähnlich ist. Die hochkomplexe und schwer zugängliche Abhandlung über Zeit mit dem Titel *Meine Zeit in Gottes Händen* des an der Universität in Tübingen lehrenden Theologen Prof. Dr. **Eilert Herms** hat mit Michael Ende die Abfassungszeit im 20. Jahrhundert gemeinsam, ist jedoch wegen des philosophisch-theologischen Ansatzes eher der viel älteren Zeittheorie von Augustinus vergleichbar. Somit zeigen sich bereits hier einige Berührungspunkte zwischen den drei auf den ersten Blick völlig unterschiedlichen Autoren und ihren Zeittheorien, die in dem vorliegenden Buch entfaltet, verglichen, kritisiert und schließlich anhand des berühmten Gedichts über die Zeit aus dem dritten Kapitel des alttestamentlichen Buches Kohelet gebündelt und theologisch auf den Punkt gebracht werden.

Die Wurzeln des vorliegenden Buches, das in Etappen im Laufe von drei Jahren entstand, reichen bis in die Jugendzeit der Autorin zurück, als sie bereits großes Interesse an dem Themenkomplex 'Zeit', 'Zufall' und 'Ewigkeit' entwickelte und sich daher aus philosophischer, theologischer und physikalischer Sicht mithilfe leicht verständlicher Bücher und in vielen Diskussionen mit Theologen und Physikern intensiv mit der Thematik auseinandersetzte.

Aus diesem Grunde war es Jahre später naheliegend, als Thema für eine Seminararbeit eines systematisch-theologischen Seminars an der Universität Heidelberg bei Prof. Dr. Winfried Härle zu religiösen Motiven in Kinderbüchern, in dem u.a. auch *Momo* von Michael Ende besprochen wurde, jenes Buch mit Augustins *Confessiones* in Hinblick auf das Verständnis von Zeit zu vergleichen. Damit war der Grundstein für vorliegendes Buch gelegt.

Ein Jahr später sollte diese Seminararbeit wieder aufgegriffen und, um die Untersuchung der Zeittheorie von Eilert Herms erweitert, als Examensarbeit verfaßt werden. Die Anfertigung dieser Arbeit und die intensive Beschäftigung mit der komplizierten Thematik waren jedoch nicht der eigentlich erwartete Schlußstrich unter das Thema 'Zeit', sondern vielmehr der Anfang eines noch tiefer gehenden Interesses, da durch die Literaturrecherche und die umfassende Auseinandersetzung mit der Materie immer neue Horizonte und Blickwinkel auf die Frage nach der Zeit eröffnet wurden. Die Beschäftigung mit weiterführender Literatur, besonders zum Thema 'Weisheit' und 'Kohelet' sowie die Teilnahme an einer Fachtagung für Naturwissenschaftler zum Thema 'Raum und Zeit' folgten.

Die Veröffentlichung dieses Buches nach einem weiteren Jahr, in das der Universitätsabschluß der Autorin fiel und damit eine gründliche Revision äußerer und inhaltlicher Art auf Basis der neu gewonnenen Erkenntnisse möglich wurde, ist somit der geradezu notwendige nächste Schritt in dieser Entwicklung vom ersten jugendlichen Interesse am Thema 'Zeit' bis hin zu einer Buchpublikation.

Danken möchte ich allen Helfern und Unterstützern, die an diesem Buch beteiligt waren, allen voran **Prof. Dr. Wilfried Härle**, meinem Betreuer sowohl bei der Seminararbeit als auch bei der Examensarbeit, der mich nicht nur auf das konkrete Thema dieses Buches brachte, sondern mir immer wieder durch Gedankenanstöße, Erklärungen und interessante Diskussionen auf die Sprünge half, wenn meine Gehirnwindungen sich aufgrund der komplizierten Thematik beinahe verknoteten.

Prof. Dr. Eilert Herms bin ich dankbar, daß er sich trotz seines vollen Terminkalenders die Zeit zu einer ausführlichen Fragestunde nahm, um mir schwierige Stellen seines Essays *Meine Zeit in deinen Händen* zu erklären und meine vielen verwirrten und verwirrenden Fragen zu beantworten.

Ein besonderer Dank gebührt auch meiner Mutter, **Edith Faragó**, die trotz eigener beruflicher Überlastung Zeit und Mühe nicht scheute und mein Manuskript nicht nur orthographisch, sondern auch inhaltlich sorgfältig korrigierte, so daß mein Werk hoffentlich nicht nur in die Thematik eingearbeiteten Theologen, sondern auch interessierten Laien verständlich ist.

Zuguterletzt möchte ich mich bei meinem Mann, **Martin Berger**, bedanken, der mir vom ersten Satz der Seminararbeit bis zur letzten Seite dieses Buches unterstützend zur Seite stand, sich abstrusesten Gedankengängen und stundenlangen theologischen und philosophischen Diskussionen zur Klärung meiner Gedanken über Zeit und Ewigkeit stellte, mir mit seiner Ausdrucksfähigkeit bei schwierigen Formulierungen und dem Korrekturlesen half und mich darüber hinaus, wenn ich durch die schwierigen Gedankengänge der Autoren und ihre komplizierten Theorien entmutigt wurde und ins Stocken geriet, immer wieder zum Weitermachen zu motivieren vermochte.

Für Verbesserungsvorschläge und Anregungen aus dem Kreis meiner Leserinnen und Leser wäre ich ebenfalls dankbar. (e-mail: jonathanmaberger@hotmail.com)

Zum Abschluß möchte ich meiner Hoffnung Ausdruck verleihen, daß ich mit diesem Buch sowohl Theologen als auch interessierten theologischen Laien das Thema 'Zeit' und Gottes Handeln darin nicht nur näher bringen, sondern sie auch dafür begeistern kann und sie die Tiefe und Schönheit der untersuchten Texte entdecken werden. Gerade die Verschlungenheit der Gedankengänge von Augustin und besonders Eilert Herms kann einem leicht den Zugang zum eigentlichen Reichtum der vorliegenden Zeittheorien verwehren. Deshalb hoffe ich, mit diesem Buch dazu beitragen zu können, meinen Leserinnen und Lesern das Verständnis zu den vier Werken von Augustin, Ende, Herms und Kohelet zu öffnen und sie neugierig darauf zu machen, selbst in diesen unerschöpflichen Werken auf die Suche nach weiteren gedanklichen Schätzen über Zeit und Ewigkeit zu gehen.

Heidelberg, 2002   *Gabriele Berger-Faragó*

Mein sind die Jahre nicht, die mir die Zeit genommen;

mein sind die Jahre nicht, die etwa möchten kommen;

der Augenblick ist mein, und nehm ich den in acht,

so ist der mein, der Jahr und Ewigkeit gemacht.

(Andreas Gryphius)

INHALT

14

15

EINFÜHRUNG

1 Eigenes Vorverständnis zum Thema 'Zeit'

In jeder Sekunde, mit jedem Atemzug unseres Lebens vergeht Zeit – doch selten sind wir uns der Zeit und ihrer Vergänglichkeit bewußt.

Wir führen das Wort 'Zeit' ständig im Mund, indem wir sagen, wir hätten 'keine Zeit' oder 'viel Zeit'; wir messen Zeit und legen fest, wieviel davon wir für eine bestimmte Sache haben; wir verfügen über sie und verhalten uns, als wäre sie unser persönlicher Besitz. Auch mit Erinnerungen an die Vergangenheit oder Plänen für die Zukunft – wichtige Aspekte der Frage nach Zeit bei Augustin – gehen wir täglich um. So schrieb ich beispielsweise kurz vor meinem Abitur in mein Tagebuch:

> *Manchmal kommt es mir vor, als sei es gestern gewesen, daß ich als kleines Mädchen mit zwei Zöpfen auf Bäume kletterte. Und jetzt? Ein Wimpernschlag, und ich bin bereits viel zu alt, um auf Bäume zu klettern. Statt dessen beschäftige ich mich mit den Ableitungen einer Ellipse, Gedichten von Heine und anderen Themen für das Abitur, das immer näher rückt. Wo sind die vergangenen zehn Jahre hingekommen? Es erscheint wie Zeit, die 'einfach verschwunden' ist. ...*

Allerdings fragen wir selten danach, was Zeit wirklich ist, woher sie kommt, wie sie entsteht, wohin sie geht und was sie für unser Leben bedeutet. Möchte man sich diesen Fragen dennoch stellen, so können theologisch-philosophische Abhandlungen über die Zeit wie das XI. Buch der *"Confessiones"* Augustins und der Aufsatz *"Meine Zeit in Gottes Händen"* von Eilert Herms oder auch eher phantastisch-spielerische Annäherungen an die Frage nach der Zeit wie Michael Endes *"Momo"* behilflich sein.

Mit diesen drei verschiedenen Ansätzen, Zeit zu verstehen und darzustellen, möchte ich mich in dieser Arbeit auseinandersetzen, wozu zur besseren Übersicht vorab die drei Werke vorgestellt werden sollen.

2 Kurze Darstellung von Augustins *"Confessiones"* als Gesamtwerk

Im XI. Buch der im Jahre 397-98 verfaßten und aus insgesamt 13 'Büchern' bestehenden *"Confessiones"* findet sich die komplexe Zeittheorie Augustins[1], die seit dem 5. Jahrhundert bis heute immer wieder diskutiert und interpretiert wurde. Das gesamte Werk ist eine stilistisch kunstvolle Mischung aus Autobiographie, Gebet, theoretisch-philosophischer Abhandlung mit praktischen Alltagsbeispielen und Thesen- und Erbauungsliteratur gespickt mit Bibelzitaten[2]. Augustins Argumentation und Interpretation dieser Bibelstellen beruht auf der seit altersher von Exegeten befolgten Methode, die Schrift durch die Schrift auszulegen[3], wobei Augustin die Zitate nicht explizit kennzeichnete, sondern gute Bibelkenntnis beim Leser voraussetzte.

Insgesamt erzählt Augustin im I. bis X. Buch seiner *"Confessiones"* zunächst von sich selbst, schildert sein Leben von Kindheit an und seinen Werdegang vom Nicht-Christen zum gläubigen Christen, um dann im XI. bis XIII. Buch den Schöpfungsbericht vom ersten Schöpfungstag bis zur Sabbatruhe am siebten Tag theologisch und philosophisch zu beleuchten. Augustin entfaltet seine Zeittheorie innerhalb seiner Exegese des biblischen Schöpfungsberichts im zweiten Teil des XI. Buchs seiner *"Confessiones"*.

---

[1] Flasch spricht von drei einander ablösenden Zeittheorien Augustins (vgl. Flasch, K., *Was ist Zeit?*, S. 196), von denen die vorliegende die zweite ist. Allerdings ist diese These laut Fischer nicht haltbar (vgl. Fischer, N., *Die Confessiones des Augustin von Hippo*, S. 494).

[2] Sowohl die Gebete als auch die autobiographischen Ereignisse werden von manchen Historikern hinterfragt und erstere mehr als rhetorisches Mittel denn als wahrhaftiges Reden mit Gott gedeutet, zweitere in ihrer historischen Zuverlässigkeit als unglaubwürdig dargestellt. (Vgl. Flasch, K., *Was ist Zeit?*, S. 199)

[3] Vgl. Holl, A., Anmerkungen zum XI. Buch der *Bekenntnisse* in der Übertragung von Perl, J., S. 472

18

3 Zusammenfassung von Michael Endes *"Momo"*

Da, im Gegensatz zum XI. Buch der *"Confessiones"*, wegen seiner Länge nicht der gesamte Roman Michael Endes untersucht werden kann, soll hier als Rahmen zur Untersuchung des 12. Kapitels eine kurze Zusammenfassung der Handlung gegeben werden.

In dem 1973 erschienenen 'Märchen-Roman' nähert sich Michael Ende der Frage "Was ist Zeit?" auf phantastisch-poetische Weise.

Das kleine Mädchen Momo, das eines Tages aus dem zeitlosen Nichts in einer südeuropäischen Stadt auftaucht und sich in der Ruine eines alten Amphitheaters häuslich niederläßt, gewinnt mit seiner Ruhe und Fähigkeit zum Zuhören die Freundschaft der Bewohner des ärmlichen Stadtviertels, das es zu seiner neuen Heimat erkoren hat.

Die Menschen in der Stadt jedoch sind in den Fängen der unheimlichen "grauen Herren", die als Zeitdiebe die Menschen dazu veranlassen, Zeit zu sparen und in ihre Zeit-Bank einzuzahlen. Doch in Wirklichkeit werden die Menschen um diese ersparte Zeit betrogen, die die grauen Herren für ihre eigene Existenz benötigen. Je mehr die Menschen versuchen, Zeit zu sparen, desto ärmer, hastiger und kälter wird ihr Leben und desto mehr sind sie sich selbst entfremdet. Am meisten zu spüren bekommen die Kinder diese tote Lieblosigkeit der zeitsparenden Erwachsenen, doch die Demonstration der Kinder durch die Stadt wird ignoriert. Schließlich macht der Betrug der grauen Herren und diese traurige Hast und Ruhelosigkeit auch vor den Freunden Momos nicht Halt, und diese wird, gerade wegen ihrer vielen Zeit, völlig einsam. Dennoch läßt sie sich von den grauen Herren nicht betrügen.

Als die grauen Herren schließlich die ganze Stadt zu besitzen scheinen, entschließt sich Meister Hora, der rätselhafte "Verwalter der Zeit", zu dem man nur auf geheimnisvolle Weise gelangen kann und den Momo bereits kennen- und als Freund schätzen gelernt hat, zum Eingreifen gegen das böse Spiel der grauen Herren. Dazu benötigt er die Hilfe Momos, die, während Meister Hora schläft und die gesamte Erde mit ihrer Zeit still steht, gegen die Zeitdiebe kämpft. Eine Stundenblume und Meister Horas weise Schildkröte Kassiopeia helfen ihr dabei. Am Ende besiegt Momo die grauen Herren, und alle gestohlene Lebenszeit der Menschen kehrt zu ihren Eigentümern zurück, so daß sie wieder liebevoll miteinander leben können.

4 Zusammenfassung von Eilert Herms' Aufsatz *"Meine Zeit in Gottes Händen"*

Eilert Herms geht als Theologe in seinem Aufsatz von der transzendentalen Bedeutung der in Ps 31,16 – "Meine Zeit steht in Gottes Händen" – gemachten Aussage aus, die er in drei Teilaussagen unterteilt: '*Zeit*', '*Meine* Zeit' und 'Meine Zeit *in Gottes Händen*'. Schrittweise entfaltet Herms die tieferen Inhalte dieser drei Teilaussagen, wobei der bloße Sachverhalt '*Zeit*' den größten Teil von Herms' Aufsatz und Gedanken einnimmt, auf deren Grundlage dann die anderen beiden Aussagen aufeinander aufbauend gedeutet werden[4].

Zunächst teilt Herms die gesamte uns zugängliche Welt, die Welt der konkreten sowie abstrakten Dinge und Sachverhalte, in zwei Klassen auf: Die erste Klasse umfaßt die konkreten, immanenten Dinge und Sachverhalte selbst, die er 'das *Erscheinende*' nennt; die zweite Klasse umfaßt das Erscheinen dieser Sachverhalte für uns, das er 'das *Erscheinen*-des-Erscheinenden' nennt, wobei letztere Klasse, welche transzendente Sachverhalte samt 'Zeit' mit einschließt, die Möglichkeitsbedingung für erstere ist. Diese zweite Klasse des Erscheinens unterteilt Herms nochmals in das 'Erscheinen des *Erscheinenden*', was zurück auf die erste Klasse von Sachverhalten weist und 'Erscheinendes erster Ordnung' genannt wird, und in das 'Erscheinen des *Erscheinens* des Erscheinenden', welches Herms das 'Erscheinende zweiter Ordnung' nennt und als Ausgangspunkt der Zeit betrachtet.

Dieser transzendente Sachverhalt 'Zeit' ist für uns laut Herms in einer sog. '*doppelten Ordnung*' zugänglich, nämlich einerseits in der Erfahrung der Differenz von Vergangenem und Zukünftigem, das sich für uns an der Gegenwart spaltet, andererseits in der Erfahrung der Differenz von 'früher' und 'später'. Die Gegenwart selbst ist dabei jeweils der diese Differenz begründende jetzige Augenblick, der uns in Form des Erscheinens ständig neu zugeteilt wird.

Vergleicht man nun innerhalb der zweiten Klasse von Sachverhalten das Erscheinen des Erscheinenden erster und zweiter Ordnung, das 'Erscheinen des *Erscheinenden*' und das 'Erscheinen des *Erscheinens* von Erscheinendem', so sind nach Herms die beiden wichtigen Unterschiede zwischen den beiden Ordnungen zum einen die sog. 'Möglichkeitsbedingungen' für beide Ordnungen, zum anderen die 'doppelte Selektivität', die der zweiten Klasse anhaftet.

---

[4] Diese Zusammenfassung baut teilweise auf derjenigen aus dem Vorwort (S. 8) des Buches *"Zeit und Schöpfung"* auf, in welcher Herms' Essay erschienen ist.

Unter '*doppelter Selektivität*' versteht Herms die Tatsache, daß, entsprechend der 'doppelten Ordnung', uns in der Zukunft noch sämtliche Möglichkeiten (im Rahmen des uns Möglichen) offen stehen, was Herms den 'Möglichkeitsraum' nennt; dieser muß zunächst gewählt werden ('1.Wahl'), bevor als '2.Wahl' in der Gegenwart eine konkrete Möglichkeit aus dem Möglichkeitsraum gewählt werden kann. Damit wird im selbigen gegenwärtigen Moment die Tür zum gesamten 'Möglichkeitsraum' geschlossen, der nun der Vergangenheit angehört, wodurch aber wiederum der nächste Schritt einer erneuten Selektion möglich wird.

Die '*Möglichkeitsbedingungen*' für das Erscheinen des Erscheinenden erster und zweiter Ordnung sind folgende: Die Möglichkeitsbedingung für das 'Erscheinen-von-*Erscheinendem*' für uns (erste Ordnung) ist, wie man Herms logischerweise folgen kann, unsere Existenz. Diese Möglichkeitsbedingung gilt jedoch, wie Herms breit entfaltet, nicht für das Erscheinende zweiter Ordnung und damit auch nicht für den Sachverhalt 'Zeit': Das bloße '*Erscheinen*-von-Erscheinendem' ist auch ohne unser Dasein möglich, hat jedoch das Dasein Gottes als notwendige Bedingung und ist gleichzeitig Voraussetzung für das Erscheinen des *Erscheinenden*.

Damit ist folglich Gott auch derjenige, der die doppelte Selektion durchführt, bei dem 'Zeit' nicht durch noch offene oder schon konkretisierte Möglichkeiten in Zukunft, Gegenwart und Vergangenheit zerfällt, und der uns damit unsere Zeit – mir '*meine* Zeit' – zuteilt. Dies erleben wir als endliche Personen oft als Ohnmacht und Abhängigkeit von Zeit, die zu ambivalenten Gefühlen und einem deformierten Umgang mit unserer Zeit führt.

Bei dieser Deformation muß es allerdings nach Herms' Erkenntnis und christlichem Bekenntnis nicht bleiben, da 'meine Zeit *in Gottes Händen*' steht und Gott nicht nur der Schöpfer meiner und aller Zeit ist, sondern mir meine Zeit, die im Grunde – da ja von Gott kommend – Gottes Zeit ist, als Zeit des Versöhntwerdens, als Zeit 'Meines-Selbst-Werdens' schenkt, was letztlich zum Erleben des Vollendetwerdens meiner Zeit als Gottes Zeit führt.

5 Leitfrage des vorliegenden Buches

In allen drei Werken ist die zentrale Frage: **Was ist Zeit?** Aus unterschiedlichen Perspektiven wird diese Frage näher erörtert und konkretisiert: Woher kommt die Zeit? Wer oder was hat sie 'geschaffen' oder verursacht? Wohin geht sie? Läßt sie sich greifen oder messen? Wenn sie meßbar ist, wie kann dies dann geschehen? Wie verhält es sich mit unseren Erinnerungen an die Vergangenheit und unseren Plänen für die Zukunft? Welche Gestalt haben diese im Verhältnis zur Gegenwart? Ist Zeit – zumindest in der Gegenwart – wirklich 'da', wie ein Gegenstand, der vor einem liegt, oder 'erscheint' sie einem nur? Welche Form könnte dieses 'Erscheinen' von Zeit haben, und woher kommt es? Woraus besteht Zeit überhaupt? Was ist ihr Daseinszweck?

Diesen Fragen soll im folgenden nachgegangen werden, indem zunächst Augustins XI. Buch der *"Confessiones"* kapitelweise untersucht wird; anschließend, nach kurzer Betrachtung der Kapitel 1-11 von *"Momo"*, wird dessen 12. Kapitel, die Schlüsselstelle des Buches zum Ursprung der Zeit, näher betrachtet. Daran schließt sich die Darstellung von Eilert Herms' Aufsatz *"Meine Zeit in Gottes Händen"* an, gefolgt von einem Vergleich der Hauptpunkte sowie einer persönlichen kritischen Bewertung der drei Werke. Im letzten Teil werden diese auf dem Hintergrund von Kohelet 3 nochmals gebündelt und zusammengefaßt, woraufhin abschließend eine eigene kurze Beurteilung zu Augustins, Endes und Herms' Betrachtungen über die Zeit folgt.

HAUPTTEIL I:
DARSTELLUNG DER DREI ZEITTHEORIEN

6 Das XI. Buch der *"Confessiones"* Augustins –Analyse der einzelnen Kapitel

Die Entwicklung von Augustins Zeittheorie beginnt erst im 12. Kapitel des XI. Buches, geht jedoch aus der vorangestellten Erörterung über das Schöpfungsgeschehen hervor, so daß der Gedankengang der Kapitel 1-11 hier kurz dargestellt werden muß.

6.1 Kapitel 1-11

Nach den ersten fünf Kapiteln dieses Buches, die eine in Gebetsform mit hymnischem Charakter gehaltene Einleitung sind, stellt Augustin im **sechsten Kapitel** die Behauptung auf, daß – im Sinne des kosmologischen Gottesbeweises – Himmel und Erde allein durch ihr Dasein und ihre ständige Veränderung auf den Schöpfer und seine Existenz hinweisen.

Interessant in den ersten drei Kapiteln ist die Tatsache, daß das Hauptthema dieses Buches, Zeit und Ewigkeit, bereits angedeutet wird, so z.B. bereits im ersten Satz des ersten Kapitels,

> *Numquid, domine, cum tua sit* **aeternitas**, *... ad tempus vides quod fit in* **tempore**?[5]

und im dritten Kapitel z.T. als Zitat aus Ps 73,16:

> *"Tuus est dies et tua est nox.": ad nutum tuum* **momenta** *transvolant. Largire inde* **spatium** *... .*[6]

Im **siebten Kapitel** fragt Augustin, wie und mit welchem 'Werkzeug' (*machina*) Gott Himmel und Erde erschaffen habe. Im Gegensatz zur Schöpfungs-Handlung eines Künstlers, der aus bereits vorhandenem Material ein Kunstwerk gestaltet, gab es

---

[5] *Confessiones* nach Bernhart, S. 603
[6] A.a.O., S. 604

laut Augustin vor der Schöpfung nichts, aus dem Gott etwas hätte formen können. Auf der Basis von Gen 1 und Joh 1 kommt Augustin am Ende des siebten Kapitels zu dem Schluß, daß die Schöpfung allein durch bzw. in Gottes Wort geschehen sei[7].

In den folgenden Kapiteln wird die Wichtigkeit des Wortes für den Schöpfungsprozeß und der Bezug zum Wort des Evangeliums und Jesus Christus im NT konkretisiert. Zunächst tut sich für Augustin jedoch ein Widerspruch auf, da gesprochene Worte einen Anfang und ein Ende haben und somit zeitlich – und daher geschaffen – sind, wohingegen Augustin Gott, und somit auch sein Wort, für ewig und nicht geschaffen hält. Wenn Gott aber mit einem zeitlich begrenzten Wort die Welt erschaffen hat, dann war dieses Wort bzw. die Stimme, die dieses Wort sprach, bereits das erste Werk Gottes, was jedoch hieße, daß es vorher noch etwas gegeben haben muß, womit Gott dieses Wort oder die Stimme schuf.

Augustin löst diesen Widerspruch im **neunten Kapitel**, in dem er feststellt, daß Gottes schaffendes Wort nicht zeitlich begrenzt ist und sich nicht wandelt wie menschliche Worte. Vielmehr ist es ein Teil Gottes, ewig und daher immer gegenwärtig, dem nichts voraus geht und nichts folgt, also auch keine Stimme, die erst einmal existieren müßte, um das schaffende "Es werde!" zu sprechen. Hier wird zum erstenmal in diesem Buch das Thema 'Zeit und Ewigkeit' aus theologischer Sicht angesprochen und die Zeit als 'irdisches' Werk Gottes in Kontrast zu seiner schon immer existierenden Ewigkeit gesetzt.

Durch diese Kette logischer Schlußfolgerungen in den ersten elf Kapiteln kommt Augustin nun zum zentralen Thema des XI. Buches.

6.2. Kapitel 12-13

Augustin leitet seine Zeittheorie mit einer polemischen Frage der Manichäer ein[8]:

"Quid faciebat Deus, antequam faceret caelum et terram?"[9]

Augustin erweitert diese Fragestellung noch etwas: Warum tat Gott nicht weiterhin nichts wie vor der Schöpfung – sofern er nichts tat –, und woher nahm er plötzlich

---

[7] Augustin erwähnt an dieser Stelle weder explizit das "Und Gott sprach" aus der Schöpfungsgeschichte, noch den entscheidenden Vers über das schöpfende Wort Gottes aus Joh 1,1-18; dennoch bezieht er sich offensichtlich auf diese Verse.

[8] Die Manichäer, eine 'christliche' Sekte, die das Alte Testament völlig verwarf, lehrten einen strengen Dualismus von Licht und Finsternis, Seele und Materie. (Vgl. *Chronik des Christentums*, S.64)

[9] *Confessiones* nach Bernhart, S.620

den Willen, etwas zu schaffen, was im Widerspruch zu seiner Ewigkeit und Unwandelbarkeit zu stehen scheint?

Von seiner eigenen Zeit als Manichäer kannte Augustin deren Lehre gut, einschließlich der Vorstellung von der Anfangslosigkeit der Welt, auf der diese Fragen beruhen. Bevor in Kapitel 14 ff genauer auf diese scheinbaren Widersprüche und Fragen eingegangen wird, wird im **13. Kapitel** nochmals aus einem neuen Blickwinkel dargestellt, daß die Ewigkeit Gottes nicht mit der irdischen Zeit und ihrer Vergänglichkeit verglichen werden kann: Während in der Welt Ereignisse nur nacheinander geschehen können und alles aus vorübergehenden Bewegungen besteht, geschieht bei Gott in der Ewigkeit, wie auch vor der Schöpfung, alles 'gleichzeitig', alles bleibt gegenwärtig, wobei trotzdem keine Zeit existiert oder gegenwärtig ist. Oder, anders ausgedrückt: Auf Erden gleitet die Zeit an uns vorüber, indem die Zeit aus der Zukunft in unsere Gegenwart hineinbricht und diese dabei in die Vergangenheit verdrängt; man könnte es auch umgekehrt betrachten und sagen, daß alles Zukünftige auf Vergangenes folgt. Bei Gott hingegen gibt es weder Gegenwart noch Vergangenheit oder Zukunft.

6.3 Exkurs: Drei verschiedene Zeitmodelle

An dieser Stelle ist es angebracht, drei Modelle darzustellen, mit denen Zeit veranschaulicht werden kann[10]:

a) Zeitstrahl

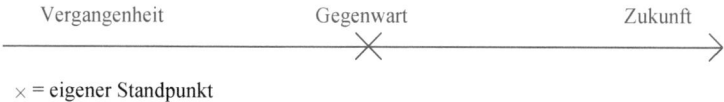

Vergangenheit   Gegenwart   Zukunft

x = eigener Standpunkt

Bei dieser Betrachtungsweise wird die Zeit, wie es auch oft in der Grammatik bei der Darstellung der Tempora von Verben üblich ist, als Strahl gedacht. Wir Menschen bewegen uns auf diesem Zeitstrahl von der Vergangenheit über die Gegenwart,

---

[10] Diese dreigeteilte Betrachtungsweise der Zeit ist in dieser Form in der Literatur zum Thema Zeit nicht zu finden, sondern wurde von Prof. Dr. W. Härle in seinem systematisch-theologischen Hauptseminar über "Religiöse Themen in Kinderbüchern" im Wintersemester 1998/99 an der Universität Heidelberg auf diese Weise entfaltet; sie ist in dieser Aufteilung für dieses Buch von außerordentlichem Nutzen und wird somit im folgenden verwendet.

in der wir uns gerade befinden, in die Zukunft. Der Fokus liegt auf unserer menschlichen Entwicklung: wir waren jung, werden erwachsen, älter, reifer, schließlich ganz alt und sterben, wir erleben das Voranschreiten der Zeit 'von innen' am eigenen Leib. Man könnte dies verkürzt zusammenfassen als unsere Bewegung auf dem feststehenden Zeitstrahl, d.h. wir gehen, die Zeit steht still.

b) Zeitfluß

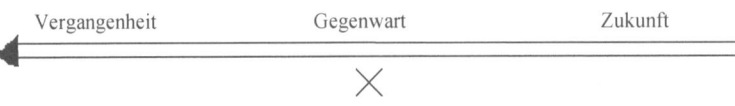

x= eigener Standpunkt

Die Zeit wird als eine Art sich bewegender Raum gesehen. Sie kommt aus der Zukunft, passiert die Gegenwart und verschwindet in die Vergangenheit. Der Schwerpunkt liegt bei dieser Betrachtungsweise weniger auf unserer menschlichen Entwicklung, sondern vielmehr auf der Welt um uns herum; so entwickelt sich beispielsweise eine Blume aus einem winzigen Samenkorn über ein kleines Pflänzchen bis zu ihrer vollen Größe und bunten Pracht, verwelkt langsam und stirbt schließlich. Wir Menschen betrachten dieses Fortschreiten der Zeit 'von außen', wir stehen als Beobachter fest an einem Punkt, und die Wirklichkeit zieht wie ein Fließband an uns vorbei, d.h. wir stehen still, die Zeit bewegt sich.

c) Spirale

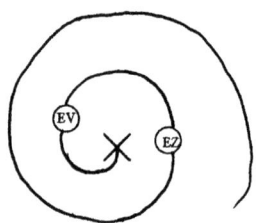

x= eigener Standpunkt, EV=Erinnerung an die Vergangenheit, EZ=Erwartung der Zukunft.

Die Zeit wird als Spirale betrachtet, deren Mitte die Gegenwart ist, in der wir Menschen immer stehen; Vergangenheit und Zukunft existieren nur als Erinnerung und Erwartung, die sich ihrerseits in der Spirale befinden. Bei dieser Betrachtungsweise,

26

die die erste und zweite in sich vereint oder vielmehr sich aus den ersten beiden entwickelt, ist immer Gegenwart, und alles steht still.

Aus Augustins oben dargestelltem 13. Kapitel könnte man nun schließen, daß seinen Überlegungen ein lineares Zeitmodell, nämlich der Zeitfluß (evtl. gemischt mit
dem Modell des Zeitstrahls) zugrunde liegt. Die Darstellung der folgenden Kapitel
wird jedoch zeigen, daß er nicht bei dieser linearen Betrachtungsweise stehen bleibt,
was darauf hinweist, daß diese drei Modelle nicht als miteinander konkurrierend oder
einander ausschließend verstanden werden sollten[11].

6.4 Kapitel 14-16

Im **14. Kapitel** geht Augustin nun genauer auf die Frage der Manichäer ein, was
Gott vor der Schöpfung getan habe. Dabei grenzt er sich zuerst gegen scherzhafte,
oberflächliche Antworten ab, wie beispielsweise die, daß Gott vor der Schöpfung
damit beschäftigt gewesen sei, für die Menschen, die nach geheimen Tiefen forschen
wollen, Höllen einzurichten. Mit dieser Bemerkung will Augustin deutlich machen,
daß er schwierigen Fragen nicht ausweichen möchte und, entgegen der Ansicht eini-
ger christlicher Kritiker seiner Zeit, der Meinung war, man dürfe und solle als Christ
durchaus philosophieren, rational nachdenken und argumentieren[12].

Augustins Antwort im nächsten **(15.) Kapitel** auf die Frage der Manichäer lautet:
Bevor Gott die Welt schuf, tat und schuf er nichts. Doch diese Antwort ist nur vorläu-
fig, denn schon in den nächsten beiden Kapiteln wird die Frage selbst als unlogisch
und damit sinnlos aufgezeigt: Bevor (*antequam*) Gott Himmel und Erde schuf, gab es
keine Zeit, da sie ein Teil der Schöpfung ist. Ohne Zeit jedoch gibt es auch kein 'Vorher' und 'Nachher', kein 'Damals' (*tunc*) oder 'Bevor'. Nimmt man aus der Frage jedoch das temporale Adverb *antequam* heraus, so fällt sie in sich zusammen wie ein
Kartenhaus. Somit hat Augustin die Absurdität bzw. mangelnde Logik dieser Frage
der Manichäer aufgezeigt und sie damit nicht nur wie im vorangegangenen Kapitel
beantwortet, sondern völlig aus dem Weg geräumt.

---

[11] Dabei ist jedoch offensichtlich, daß die vierte Dimension 'Zeit' niemals wirklich in zwei Dimensionen auf einem Blatt Papier bildlich wiedergegeben werden kann, so daß diese drei Modelle
nur ein Darstellungsversuch sind.
[12] Vgl. Flasch, K., *Was ist Zeit?*, S. 204

Im **16. Kapitel** vertieft Augustin den Aspekt der Unabhängigkeit Gottes von Raum und Zeit noch weiter: Da Gott außerhalb dieser Dimensionen steht, ist seine Ewigkeit ständige Gegenwart, die Vergangenheit und Zukunft mit einschließt. Augustin zieht zur Unterstützung seiner These, daß für Gott das Voranschreiten der Zeit außer Kraft gesetzt ist, Ps 90,4a heran: "Denn tausend Jahre sind vor dir wie der Tag, der gestern vergangen ist ... ." Ausgehend von dieser Feststellung, daß für Gott zwischen Jahren und Tagen kein Unterschied besteht und er somit zeitunabhängig ist, faßt Augustin seine bisherigen Gedankenschritte von der immer gegenwärtigen Ewigkeit Gottes nochmals zusammen und kommt zu der poetisch klingenden Schlußfolgerung:

"Anni tui dies unus", et dies tuus 'cotidie', sed 'hodie', quia hodiernus tuus non-cedit crastino; neque enim succedit hesterno. Hodiernus tuus aeternitas.[13]

6.5 Kapitel 17-21

An diesem Punkt ist Augustin bei der zentralen Frage angelangt, was Zeit überhaupt ist. Zwar wird der Begriff 'Zeit', wie bereits in der Einleitung dargestellt, in unserer Sprache täglich gebraucht, aber es ist schwer, dieses Mysterium rational zu begreifen oder gar zu definieren. Augustin kommt im **17. Kapitel** zu der oft zitierten Feststellung:

Quid est ergo 'tempus'? Si nemo ex me quaerat, scio; si quaerenti explicare velim, nescio.[14]

Augustin nähert sich dem komplexen Phänomen 'Zeit' mit Hilfe der üblichen drei Aspekte von Zeit, nämlich Vergangenheit, Gegenwart und Zukunft[15]. Für ihn steht fest, daß es keine Vergangenheit gäbe, wenn nichts verginge, keine Zukunft, wenn nichts auf uns zukäme, und keine Gegenwart, wenn nichts existierte. Da die Welt aber offensichtlich existiert, muß es zumindest die Gegenwart geben.

Aber auch die Existenz der Gegenwart wird hinterfragt: Wenn die Gegenwart, da sie nicht fortdauernd gegenwärtig sein kann – sonst wäre sie bereits Ewigkeit – ständig in die Vergangenheit übergeht, existiert sie dann überhaupt? Das Sein der Gegenwart verwandelt sich ununterbrochen in das Nichtsein der Vergangenheit – kann

---

[13] *Confessiones* nach Bernhart, S. 626
[14] *A.a.O.*, S. 628f
[15] Lat. *praeteritum, praesens* und *futurum*, die jedoch im Deutschen eine grammatische Konnotation haben, so daß hier besser die deutschen Begriffe verwendet werden.

man in diesem Falle überhaupt von der Existenz der Gegenwart, letztlich von der Existenz der Zeit, sprechen?

Bevor diese Frage gelöst wird, verkompliziert Augustin im **18. Kapitel** die Sache noch weiter, indem er die Länge oder Ausdehnung (*spatium*) von Zeit untersucht. Dabei betrachtet er zuerst unsere Sicht von Vergangenheit und Zukunft: Bei beiden Zeitperspektiven sprechen wir von 'langer' oder 'kurzer' Zeit (*longum et breve tempus*), z.B. sagen wir, daß hundert Jahre im Vergleich zu zehn Tagen 'lang her' (Vergangenheit) oder 'noch lang hin' (Zukunft) seien. Augustin bezweifelt die Korrektheit dieser Aussagen. Für ihn existiert die Vergangenheit nicht mehr wirklich, wie kann also vergangene Zeit überhaupt lang sein? Oder wie kann zukünftige Zeit lang sein, wenn sie, laut Augustin, noch gar nicht da ist? Also, schlußfolgert er, kann nur gegenwärtige Zeit lang sein.

Doch auch diese Sichtweise wird im **19. und 20. Kapitel** wieder verworfen. Genausowenig, wie hundert bereits vergangene Jahre lang sein können, da sie nicht mehr existieren, können hundert Jahre gegenwärtig sein. Denn von hundert Jahren kann höchstens eines Gegenwart sein, nämlich das, in welchem wir uns gerade befinden. Doch nicht einmal dieses Jahr ist in seiner Ganzheit gegenwärtig, sondern nur in Form des aktuellen Monats, die anderen Monate gehören in die Vergangenheit oder Zukunft. Auf diese Weise argumentiert Augustin, basierend auf der Zeittheorie von Aristoteles, von Jahren und Monaten über Tage und Stunden bis hin zu Sekunden und verkürzt die Gegenwart immer mehr, bis nur noch ein einziger, winziger Augenblick übrig bleibt, den man 'Gegenwart' nennen könnte. Somit kann man jedoch auch die gegenwärtige Zeit, ebenso wenig wie die vergangene oder zukünftige, nicht 'lang' nennen, denn jeder Augenblick ist gleich 'lang' bzw. 'kurz' und nur von der Dauer eines Wimpernschlags, so daß sich eigentlich gar keine 'Dauer entwickeln' (*extandatur*, eigentl.: 'ausdehnen') kann. Somit kommt Augustin zu dem Schluß, daß die Zeit in der Gegenwart gar keinen *spatium*, keinen Raum, einnimmt.

Dennoch empfinden wir Zeit und deren *spatium* oder Ausdehnung, so daß wir Zeiträume festlegen und in ihrer Länge oder Dauer nach unserem Gefühl bestimmen und miteinander vergleichen. Somit messen wir die Zeit trotzdem, wie Augustin im folgenden **(21.) Kapitel** feststellt. Aufgrund der vorangegangenen Kapitel legt er jedoch dar, daß wir eigentlich nur gegenwärtige, gerade verstreichende Zeit empfinden und damit messen könnten, denn vergangene Zeit existiert nicht mehr und ist somit nicht mehr spürbar, also auch nicht meßbar.

Augustin hat so die anfängliche Frage aus dem 17. Kapitel, was Zeit überhaupt sei, vertieft mit der Frage nach unserem Zeitgefühl und der Meßbarkeit von Zeit, ohne jedoch die ursprüngliche Frage beantwortet zu haben.

6.6 Kapitel 22-25

Auch die Überlegung über die Meßbarkeit von Zeit wird zunächst nicht weiter verfolgt. Statt dessen werden die bereits erwähnten drei Aspekte der Zeit, Vergangenheit, Gegenwart und Zukunft, nochmals näher betrachtet. Im 17. Kapitel hatte Augustin behauptet, daß Vergangenheit und Zukunft im Grunde nicht existieren. Im **22. Kapitel** relativiert er diese Behauptung und fragt, ob die Zeit, die noch im Verborgenen in der Zukunft liegt oder schon wieder in der Vergangenheit verborgen ist, nicht doch auf irgendeine Weise existiere. Augustin führt zu dieser Frage die Beispiele von Prophetie und Erinnerung an: bei beiden 'sieht' (*videre*, auch *cernere*, 'geistig sehen') man nicht-gegenwärtige Ereignisse, als ob sie schon oder noch Gegenwart wären. Also muß es Zukunft und Vergangenheit auf eine gewisse Art doch geben. Daraus resultiert für Augustin die nächste Frage, nämlich wo sich diese beiden Zeiten befinden, worauf er in den folgenden beiden Kapiteln näher eingeht.

Obwohl er den 'Aufenthaltsort' von Vergangenheit und Zukunft nicht bestimmen kann, geht Augustin dennoch davon aus, daß sie an jenem Ort nicht vergangen oder zukünftig, sondern gegenwärtig sind. Dies begründet er damit, daß die vergangenen Ereignisse, wenn sie in der Vergangenheit bereits vergangen wären, im Grunde in die Vorvergangenheit gehörten, und in dieser wieder in die 'Vor-Vor-Vergangenheit', usw.; genauso verhalte es sich mit zukünftigen Ereignissen in der Zukunft. Demzufolge sind Vergangenheit und Zukunft laut Augustin an ihrem Ort, wo und was auch immer sie sein mögen, immer Gegenwart; letztlich existieren sie nur, wenn sie gegenwärtig seien. Dies wird im folgenden an den beiden Beispielen von Erinnerung und Prophetie verdeutlicht.

Zuerst wird im **23. Kapitel** das Phänomen des Erinnerns an vergangene Ereignisse untersucht. Bei diesem Vorgang kann man zwar die Ereignisse aus der Vergangenheit nicht mehr in die Gegenwart holen, doch haben sie so starke 'Spuren' (*vestigia*) oder Bilder im Gedächtnis (*memoria*) hinterlassen, daß man sie z.T. wie die Realität vor sich sieht und von ihnen im Präsens zu erzählen pflegt.

Möglicherweise, sinniert Augustin, verhält es sich mit zukünftigen Ereignissen, deren 'Bilder' (*imagines*) ein Prophet 'sieht' (*videre*), ähnlich. Dies untersucht er im **24. Kapitel** näher und findet eine rationale Erklärung für das Phänomen der Prophetie: Der 'Prophet' (lat. *propheta* < gr. προφήτης) oder 'Sehende' sieht nicht die zukünftigen Ereignisse, da diese noch nicht stattfanden oder existieren, sondern vielmehr sieht er in der Gegenwart 'Zeichen' (*signa*), 'Gründe' (*causae*) oder Voraussetzungen für zukünftiges Geschehen und macht daraufhin Aussagen über die Zukunft. Beispielsweise ist die Morgenröte für Augustin ein gegenwärtig wahrnehmbares Zeichen für den baldigen Sonnenaufgang, der zwar selbst noch nicht sichtbar oder gegenwärtig sei, den man sich aber bereits geistig vorstellen und aufgrund der Morgenröte voraussagen könne. Somit sind laut Augustin vergangene und zukünftige Ereignisse geistig sichtbar, obwohl sie nicht wirklich existieren oder gegenwärtig sind.

Im Hinblick auf das 'Sehen' zukünftigen Geschehens fragt sich Augustin im **25. Kapitel**, wie Gott seine Propheten[16] zukünftige Ereignisse 'lehren' (*docere*) könne, wenn für ihn alles gegenwärtig sei und Zukünftiges nicht existiere. Diese Frage wird im weiteren Verlauf des Buches nicht mehr aufgegriffen, so daß der Eindruck entsteht, Prophetie sei für Augustin lediglich das weise Deuten gegenwärtiger Ereignisse. Die Frage, ob und wie Gott selbst einem Propheten tatsächlich in übernatürlicher Weise die Zukunft eingeben könne, wird nicht weiter erörtert und scheint daher eher eine rhetorische Frage zu sein, um nochmals zu betonen, daß bei Gott alles gleichzeitig und nichts zukünftig sei.

6.7 Kapitel 26-28

Im **26. Kapitel** gibt Augustin eine kurze Zusammenfassung seines bisherigen Gedankenganges: Weder Vergangenheit noch Zukunft 'sind' (*esse*) wirklich, so daß man eigentlich nicht von drei Zeiten sprechen könne, sondern eher von der 'Gegenwart der Vergangenheit' (*praesens de praeteribus*), die sich in der 'Erinnerung' (*memoria*) befindet, sowie von der 'Gegenwart des Gegenwärtigen' (*praesens de praesentibus*), was das 'Betrachten' (*contuitus*) ist, und von der 'Gegenwart des Zukünftigen' (*praesens de futuris*), nämlich der 'Erwartung' (*expectatio*).

Im **27. Kapitel** wird nun die Frage über die Meßbarkeit von Zeit wieder aufgegriffen, die im 21. Kapitel offen geblieben war. Wie in den Kapiteln 19 und 20 dargestellt, hat die Zeit kein *spatium*, keine Ausdehnung oder Dauer, da die Gegenwart immer nur aus einem kurzen Augenblick besteht, der das Jetzt konstituiert. Wie aber könne man Zeit messen, überlegt Augustin, da sie ständig vorübergeht und eigentlich gar keine Dauer entwickelt, die man messen könnte?

Statt einer Lösung für das Problem der Meßbarkeit von Zeit herrscht nun noch mehr Verwirrung und Verunsicherung, von der auch Augustin ergriffen ist, wie er im ersten Satz des **28. Kapitel**s erklärt:

Exarsit animus meus nosse istuc inplicatissimum aenigma.[17]

---

[16] In diesem Kontext sind konkret die Propheten des ATs gemeint.
[17] *Confessiones* nach Bernhart, S. 644

Am Ende des ersten Teils des XI. Buches stehen somit vor allem unbeantwortete Fragen, und man muß sich noch einige weitere Kapitel gedulden, bevor Augustin im zweiten Teil die Lösung des Rätsels der Meßbarkeit von Zeit präsentiert. In diesem Kapitel wiederholt er lediglich sein Bittgebet an Gott um Erkenntnis sowie seine Darstellung der Alltagssprache, in der völlig unkompliziert von 'kurzer' und 'langer' Zeit gesprochen und diese bemessen wird, ohne daß man sich um die Problematik der Existenz und Meßbarkeit von Zeit kümmere. Auch in den folgenden Kapiteln werden zuvor weitere Fragen und Probleme aufgeworfen, bevor Augustin mit dem Beantworten derselben beginnen kann.

6.8 Kapitel 29-32

Nachdem Augustin den ersten Teil seiner Zeitanalyse mit einer Theorie bzw. Frage der Manichäer eingeleitet hatte, greift er zum Beginn des zweiten Teils im **29. Kapitel** die Behauptung eines 'gelehrten Mannes' auf, die besagt, daß die Bewegung der Himmelskörper mit der Zeit identisch sei. Dem hält Augustin, basierend auf Aristoteles' und Plotins[18] Differenzierung von Bewegung (lat. *motus*, gr. κίνησις) und Zeit[19], entgegen, daß die Bewegung der Himmelskörper – im Grunde die Bewegung aller Körper – zwar Zeichen für das Voranschreiten der Zeit, nicht aber diese selbst seien. Er untermauert seine Behauptung mit dem hypothetischen Beispiel einer sich drehenden Töpferscheibe: Wenn diese sich weiter drehte, während die Himmelskörper still stünden, könnte man die Anzahl der Umdrehungen und das Drehtempo trotzdem messen, was für Augustin zeigt, daß die Zeit trotz des Stillstands der Himmelskörper weiter verstriche.

Diesen Gedanken wiederholt er im **30. Kapitel** nochmals mit der Unterscheidung zwischen der Bewegung (*motus*) der Sonne und der Dauer (*mora*) der Bewegung und fragt, welches von beiden den Tag – also die Zeit – darstelle. Augustin beharrt auf der Differenzierung von der Bewegung der Himmelskörper und der Zeit, was er durch die biblische Erzählung (Jos 10,12) vom Stillstand der Sonne aufgrund Josuas Gebet während des Kampfs der Israeliten – bei dem die Zeit trotzdem weiterging – bestätigt sieht. Daher kommt er zu dem Schluß, daß die Zeit eine Art Ausdehnung (*distentio*) sei.

---

[18] Diese beiden griechischen Philosophen werden nicht explizit genannt.
[19] Vgl. Flasch, K., *Was ist Zeit?*, S.209f

Im **31. Kapitel** erklärt Augustin, daß üblicherweise die Dauer der Bewegung eines Körpers – einschließlich des Stillstands zwischen den Bewegungen – von Anfang bis Ende in der Zeit und mithilfe der Zeit gemessen wird; somit kann die Bewegung nicht mit der Zeit identisch sein. Ob aber die Dauer der Bewegung die Zeit sei, oder was die Zeit nun wirklich sei, weiß Augustin noch immer nicht genau, wie er im **32. Kapitel** bekennt.

6.9 Kapitel 33-36

Im folgenden **(33.) Kapitel** kommt Augustin auf die noch offene Frage aus dem 27. Kapitel über die Meßbarkeit der gegenwärtigen Zeit zurück und stellt fest, daß wir, wie im 31. Kapitel dargestellt, die Dauer der Bewegung eines Körpers durchaus zu messen pflegen. Augustin fragt, ob wir damit nicht die Zeit selbst messen (*metiri*). Beispielsweise kann man die Länge oder Dauer eines Gedichtes (*spatium carminis*), seiner Verse und Silben bemessen und sogar sagen, eine Silbe sei doppelt so lang wie eine andere. Augustin wundert sich, was genau man hierbei eigentlich messe – etwa die Zeit selbst? Die zukünftige oder vergangene Zeit könne es nicht sein, denn diese sei nicht gegenwärtig, und die gegenwärtige Zeit habe keine Dauer, sondern sei nur ein Augenblick, so daß man deren Ausdehnung und Zeit auch nicht messen könne. Was mißt man also dann?

Im **34. Kapitel** spezifiziert Augustin den Begriff *metiri* anhand des Beispiels eines Liedes: Man kann die Dauer eines Liedes nur messen, wenn das Lied abgeschlossen ist, denn messen im zeitlichen Sinne kann man nur den Zwischenraum zwischen Anfang und Ende eines Ereignisses.

Auch das Vergleichen von Ereignissen von langer oder kurzer Dauer ist nur möglich, wenn man die Ausdehnung der Ereignisse bestimmen kann. Dies wird im **35. Kapitel** an dem Satz 'Deus creator omnium' gezeigt, der aus vier kurzen und vier langen Silben besteht. Man mißt die langen Silben anhand der kurzen, die quasi die Maßeinheit darstellen, doch auch diese müssen erst einmal gemessen und festgelegt werden. Wie man eine bereits verklungene Silbe messen kann, ist für Augustin das Rätsel, das er nun endlich lüftet: Man kann die Dauer von Ereignissen – die Zeit – messen, obwohl sie in der Gegenwart keine Ausdehnung haben und in der Vergangenheit bereits verschwunden sind, weil man *in memoria*, im Gedächtnis, das Ereignis noch vor sich hat. Somit kann man zwar die gegenwärtige Zeit in ihrer punktuellen Ausdehnung nicht messen, wie im **36. Kapitel** erklärt wird, aber man kann einen vergangenen Eindruck (*affectio*) aus der Erinnerung hervorrufen und diesen messen.

Im 13. Kapitel konnte man aus Augustins Darstellung der Zeit den Eindruck gewinnen, daß seinen Überlegungen das Modell des Zeitflusses, der an uns aus der Zukunft durch den kurzen Moment der Gegenwart in die Vergangenheit hinübergleitet, zugrunde läge. Spätestens an diesem Punkt im 36. Kapitel wird jedoch deutlich, daß in seinen Überlegungen der Gedanke der Zeitspirale auch eine große Rolle spielt: Vergangenheit und Zukunft existieren in Wirklichkeit nur in Form von Erinnerung und Erwartung; es ist immer Gegenwart, die jedoch keine Ausdehnung hat, sondern nur aus punktuellen Augenblicken besteht, die einander aus der Zukunft kommend und in die Vergangenheit verschwindend ablösen. Somit sind für Augustin diese beiden Zeitmodelle so eng miteinander verwoben, daß man sie nicht voneinander trennen, sondern nur als einander ergänzend betrachten kann.

Nachdem nun feststeht, daß die Dauer eines Ereignisses und somit die Zeit meßbar ist, beschreibt Augustin, was während eines Ereignisses mit der Zeit geschieht: Die gegenwärtige Handlungsabsicht (*intentio*) zieht das zukünftige Ereignis durch den kurzen Augenblick der Gegenwart hindurch in die Vergangenheit hinüber, indem im Lauf des Ereignisses mit der Abnahme der Zukunft die Vergangenheit wächst, bis am Ende durch den Verbrauch der Zukunft das Ganze vergangen ist.

6.10 Kapitel 37-38

Dieser letzte, recht komplizierte Gedanke des vorangegangenen Kapitels leitet Augustin im 37. **Kapitel** zu der Erkenntnis, daß drei Kräfte, entsprechend den drei Zeitperspektiven von Zukunft, Gegenwart und Vergangenheit, in unserem *animus* wirken: *expectatio*, *attentio* und *memoria*. Diese drei Kräfte machen obigen Sachverhalt leichter verständlich: das in der Zukunft Erwartete geht durch das, was man gegenwärtig bemerkt, in das über (*transire*), woran man sich später erinnert.

Dies klärt auch die Frage nach der Länge von Zeit bzw. Ereignissen in der Zeit auf einer neuen Ebene: Nicht die Zukunft, *quod non 'est'*[20], ist lang, sondern die Erwartung des Zukünftigen ist lang, genauso wie die Erinnerung an Vergangenes, und nicht dieses selbst, lang sein kann.

Für den Vorgang der 'Verwandlung' (*transire*) von Zukünftigem in Vergangenes gibt Augustin im 38. **Kapitel** das Bild des Singens eines Liedes: die *expectatio* verwandelt sich während des Handelns, bei dem immer nur ein kleiner Augenblick in gegenwärtiger *attentio* vorhanden ist, kontinuierlich in *memoria* und wird immer kleiner, bis am Ende das ganze Lied in die Erinnerung übergegangen ist. Dieser Vor-

---

[20] *Confessiones* nach Bernhart, S. 663

gang geschieht laut Augustin bei jeder Tätigkeit des Menschen, bei jedem Atemzug, das ganze Leben hindurch, bei allen Ereignissen durch die gesamte Geschichte der Menschheit hindurch, bis zum Ende aller Zeiten.

6.11 Kapitel 39-41 (Ende)

An dieser Stelle endet die Zeittheorie Augustins. In den letzten drei Kapiteln schließt er den Bogen zum Anfang seiner Theorie, der Frage nach der Schöpfung und dem, was davor war. Er betont im **40. und 41. Kapitel** nochmals den grundsätzlichen Unterschied zwischen der ständig fließenden, sich wandelnden Zeit als Teil der Schöpfung Gottes und Gott selbst, dem ewigen, jenseits aller Zeiten stehenden Schöpfer.

Im **39. Kapitel**, das eigentlich am Ende dieses XI. Buches der *"Confessiones"* stehen müßte, setzt Augustin seine gesamte Zeittheorie in den Kontext seines christlichen Glaubens, durch den er hofft und erwartet, daß die Zeit in ihrer Endlichkeit für ihn, den Glaubenden, in die zeitlose Ewigkeit bei Gott münden wird.

6.12 Gesamtübersicht über Augustins Fragen und Antworten im XI. Buch

Aufgrund des komplexen Aufbaus des XI. Buches, in dem Fragen und Antworten ohne übersichtliche Reihenfolge ineinander verwoben sind, soll auf der nächsten Seite ein graphischer Überblick über die wichtigsten Fragen und Antworten Augustins zum Thema Zeit gegeben werden, so daß im dritten Teil dieser Arbeit der Vergleich zwischen Augustins, Michael Endes und Eilert Herms' Zeittheorien leichter fallen wird.

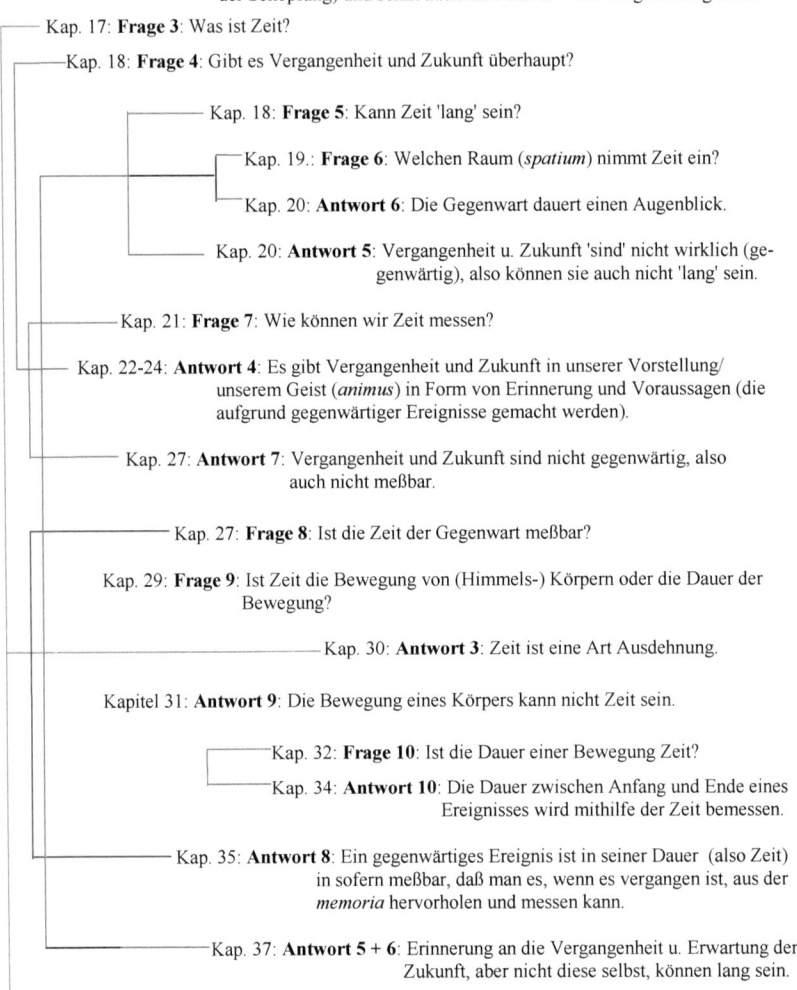

Kap. 7-8: **Frage 1**: Wie schuf Gott Himmel und Erde?
Kap. 9-11: **Antwort 1**: Mit seinem ewigen, unwandelbaren, zeitunabhängigen Wort.

Kap. 12-13: **Frage 2**: Was tat Gott, bevor er Himmel und Erde erschuf?
Kap. 14-16: **Antwort 2**: Nichts! Bevor er die Welt schuf, gab es keine Zeit (diese ist Teil
          der Schöpfung) und somit auch kein 'Bevor' – die Frage erübrigt sich.
Kap. 17: **Frage 3**: Was ist Zeit?

Kap. 18: **Frage 4**: Gibt es Vergangenheit und Zukunft überhaupt?

Kap. 18: **Frage 5**: Kann Zeit 'lang' sein?

Kap. 19.: **Frage 6**: Welchen Raum (*spatium*) nimmt Zeit ein?

Kap. 20: **Antwort 6**: Die Gegenwart dauert einen Augenblick.

Kap. 20: **Antwort 5**: Vergangenheit u. Zukunft 'sind' nicht wirklich (ge-
          genwärtig), also können sie auch nicht 'lang' sein.

Kap. 21: **Frage 7**: Wie können wir Zeit messen?

Kap. 22-24: **Antwort 4**: Es gibt Vergangenheit und Zukunft in unserer Vorstellung/
          unserem Geist (*animus*) in Form von Erinnerung und Voraussagen (die
          aufgrund gegenwärtiger Ereignisse gemacht werden).

Kap. 27: **Antwort 7**: Vergangenheit und Zukunft sind nicht gegenwärtig, also
          auch nicht meßbar.

Kap. 27: **Frage 8**: Ist die Zeit der Gegenwart meßbar?

Kap. 29: **Frage 9**: Ist Zeit die Bewegung von (Himmels-) Körpern oder die Dauer der
          Bewegung?

Kap. 30: **Antwort 3**: Zeit ist eine Art Ausdehnung.

Kapitel 31: **Antwort 9**: Die Bewegung eines Körpers kann nicht Zeit sein.

Kap. 32: **Frage 10**: Ist die Dauer einer Bewegung Zeit?

Kap. 34: **Antwort 10**: Die Dauer zwischen Anfang und Ende eines
          Ereignisses wird mithilfe der Zeit bemessen.

Kap. 35: **Antwort 8**: Ein gegenwärtiges Ereignis ist in seiner Dauer (also Zeit)
          in sofern meßbar, daß man es, wenn es vergangen ist, aus der
          memoria hervorholen und messen kann.

Kap. 37: **Antwort 5 + 6**: Erinnerung an die Vergangenheit u. Erwartung der
          Zukunft, aber nicht diese selbst, können lang sein.

Kap. 37: **Antwort 3**: Zeit ist der ständige Fluß der Verwandlung der *expectatio* des Zukünfti-
          gen in Erinnerung, *memoria*, an die Vergangenheit, die sich im *animus*
          befindet; der Fluß selbst verharrt nur einen kurzen Augenblick in Form
          der *attentio* in der Gegenwart.

7 Analyse der Zeittheorie Michael Endes in *"Momo"*

Michael Ende bietet in *"Momo"* eine völlig andere Art der Annäherung an die Frage, was Zeit ist, als Augustin in seiner theoretisch-philosophische Erörterung; Ende betrachtet die Frage mit den Augen eines Kindes, Momo, wobei dieses Kind zeitlos, alterslos, äußerst weise und auf eine gewisse Art 'überirdisch' erscheint.

In dem gesamten Märchen-Roman kommen immer wieder Symbole für die Zeit vor, so z.B. die Unkenntnis Momos über ihr eigenes Alter, die Kehrweise Beppos, des Straßenkehrers, die grauen Herren, die von der Lebenszeit der Menschen ihr Dasein fristen und eigentlich 'nichts' sind, die Zeitsparkasse, usw. Im Rahmen dieses auf die Zeittheorien beschränkten Buches soll jedoch nur auf die zentrale Stelle des Zeitverständnisses in *"Momo"* eingegangen werden, nämlich den Besuch Momos bei Meister Hora, der im 12. Kapitel geschildert wird. Allerdings macht sich Momo schon Ende des 9. Kapitels mithilfe der Schildkröte Kassiopeia auf den Weg zu Meister Hora, so daß an diesem Punkt mit der Untersuchung begonnen werden soll.

7.1 Kapitel 9

Am Ende des 9. Kapitels[21] sitzt Momo spät abends allein auf den Steinstufen ihrer Amphitheaterruine und wartet auf etwas, das sie selbst nicht genau benennen kann. Das Amphitheater ist ein mehrdeutiges Symbol: Zum einen stellt es mit seinem hohen Alter einen Anachronismus in der hektischen, modernen Stadt dar, genauso wie Momo, die mit ihrer Zeit und inneren Ruhe so gar nicht in diese hastige Welt paßt; andererseits weist es in seinem halbzerfallenen Zustand auf Beständigkeit und gleichzeitig die Vergänglichkeit der Zeit hin[22].

Als die Turmuhr gerade Mitternacht geschlagen hat – also Zeit für geisterhafte Erlebnisse –, taucht eine rätselhafte Schildkröte auf, die Momo mittels schwach leuchtender Buchstaben, die auf ihrem Rückenpanzer erscheinen, dazu auffordert, ihr zu folgen.

---

[21] Ende, M., *Momo*, S. 119
[22] Ludwig, C., *Was du ererbt...*, S. 215

7.2 Kapitel 10

In diesem Kapitel[23] werden dieser Weg zum Ursprung der Zeit und die Art des Vorankommens der Schildkröte näher beschrieben. Schildkröten sind durch ihre Langsamkeit und ihre hohe Lebenserwartung von alters her ein Symbol für magische Weisheit und für Unsterblichkeit[24]. Im indischen Denken, das Michael Ende nicht unbekannt war, ist dieses Tier sogar ein Symbol für die 'Zeit' schlechthin, die in Form einer sich langsam durch die Ewigkeit bewegenden Schildkröte abgebildet wird[25]. Gleichzeitig steht die Schildkröte bei Ende für Bedächtigkeit, Beharrlichkeit und Ruhe, die langsam, aber sicher ihr Ziel erreicht[26]. Darüber hinaus verfügt die Schildkröte in *"Momo"* über geheimnisvolle Kräfte: Sie scheint immer genau im voraus zu wissen, wo und wann die grauen Herren, die Momo verfolgen, auftauchen werden. Dadurch führt sie Momo sicher durch die Stadt, ohne daß sie gefangen wird, obwohl die Schildkröte sich sehr langsam bewegt und das Zwiegespann somit nur Schritt für Schritt vorankommt – es kommt also nicht auf Geschwindigkeit, sondern auf Weisheit und 'Voraussicht' an, um sich dem Geheimnis der Zeit zu nähern.

Schließlich gelangen die beiden in ein mysteriöses Stadtviertel "am Rande der Zeit", wo weder Morgen noch Abend, weder Tag noch Nacht herrscht. Daher wirft das Licht an diesem Ort keine Schatten in eine bestimmte Richtung, woran man die (Tages-) Zeit feststellen könnte, sondern die Schatten gehen in verschiedene Richtungen. Auch die Geschwindigkeit von Bewegungen, die auf dem Voranschreiten der Zeit beruht, ist in dieser Gegend außer Kraft gesetzt, so daß man umso schneller vorankommt, je langsamer man geht. Dies bedeutet, daß an diesem Ort sowohl die Zeit als auch das Licht als Zeichen der Zeit ohne Ursprung und nicht bestimmbar sind, so daß in der Umgebung alles starr und regungslos scheint, wobei man sich jedoch innerhalb dieses starren Rahmens bewegen kann, allerdings anders als gewohnt.

Neben dem diffusen Licht und der Starrheit begegnet Momo in diesem merkwürdigen Stadtviertel noch einer weiteren Kuriosität, nämlich einem Denkmal in Form eines riesigen, weißen Eis. Ende kommentiert dies nicht weiter, doch wenn man dieses Symbol näher untersucht, so stößt man darauf, daß die Welt und auch die Zeit auf Tarot-Karten in Form eines jungen Mädchens – wie Momo eines ist – in einem Oval dargestellt wird, das unter Tarot-Kennern, zu denen auch Michael Ende zählt, "das

---

[23] Ende, M., *Momo*, ab S. 128
[24] Vgl. Berger, K., *Heilung durch magische Phantasien?*, S. 49
[25] Vgl. Bauer, W., *Lexikon der Symbole*, S. 46
[26] Ludwig, C., *Was du ererbt von deinen Vätern hast...*, S. 190

Weltei" genannt wird[27]. Also schon hier, auf dem Weg zum Ursprungsort der Zeit, begegnet man Hinweisen, wohin Momos Reise führen wird.

Noch weniger Auswirkung als in dem merkwürdigen Stadtteil haben Raum und Zeit in der "Niemals-Gasse", in die die Schildkröte schließlich einbiegt und wo Momo ihre eigene Stimme nicht hören kann und rückwärts laufen muß – mehr noch: rückwärts denkt, atmet, empfindet, sogar rückwärts lebt –, um gegen den "rätselhaften Druck", der bei der Umkehrung von Raum und Zeit zu entstehen scheint, anzukommen.

Schließlich, am Ende des 10. Kapitels, kommt Momo an das "Nirgend-Haus" mit einem riesigen Portal, über dem die Figur eines weißen Einhorns wacht, das in der Ursymbolik Sinnbild für Kraft, Stärke und Unaufhaltsamkeit ist und nur, wenn es eine 'reine Jungfrau' sieht, zahm wird und sich vor ihr niederlegt. Der Zugang zur Zeit ist also in Michael Endes Darstellung versperrt, und nur ein unschuldiges, 'reines' – weibliches – Kind wie Momo kann an der Wache vorbei zum Ursprung der Zeit gelangen. Hinter einer weiteren, winzigen Tür wohnt Meister Secundus Minutius Hora, der Verwalter der Zeit.

7.3 Kapitel 12

Nach dem 11. Kapitel, das die vergebliche Verfolgungsjagd der grauen Herren und ihr grausames Spiel beschreibt, kommt Momo dorthin, "wo die Zeit herkommt", wie es in der Überschrift des 12. Kapitels heißt. Dieser Satz ist von Ende bewußt auf Doppeldeutigkeit hin angelegt, denn zunächst kommt Momo zu Meister Hora, dem Verwalter der Zeit – hier kommt die gesamte Zeit, also die Lebenszeit aller Menschen, her. Im zweiten Teil des 12. Kapitels kommt Momo jedoch dorthin, wo ihre eigene, individuelle Zeit herkommt. Daher ist die Untersuchung dieses Kapitels, wie Endes Vorlage, zweigeteilt in die theoretische Erörterung über das Wesen der Zeit in einem Gespräch mit Meister Hora und in das praktische Erleben von Zeit anhand Momos eigener Lebenszeit.

7.3.1 Kapitel 12, 1. Teil

Momo steht nach dem Durchschreiten der winzigen Tür zu Beginn des 12. Kapitels in einem gewaltigen Saal, der in goldenes Licht getaucht ist. Die Farbe Gold erscheint im Lauf dieses Kapitels sehr häufig und vermittelt das Gefühl von Pracht, Glanz,

---

[27] Bauer, W., *Lexikon der Symbole*, S. 371

Majestät und Wärme, das Michael Ende mit dem Ursprungsort der Zeit in Verbindung bringt.

In diesem Saal findet Momo zunächst nur tausenderlei verschiedene Uhren vor, deren Sammeln, wie sich später herausstellt, Meister Horas Leidenschaft ist und die, besonders in Form einer Sanduhr, den "endlosen Strom der Zeit"[28] symbolisieren. Schließlich entdeckt Momo Meister Hora zwischen den vielen Uhren, der sich bei seiner Vorstellung scherzhaft von einem vornehm gekleideten Herrn aus dem 18. Jahrhundert über verschiedene andere Kostüme in einen futuristisch angezogenen Mann verwandelt, bis er schließlich normal vor Momo steht. Dies zeigt, daß Meister Hora keiner bestimmten Zeit zuzuordnen ist, daß er zeitlos ist und sich nicht kategorisieren läßt. Immer wieder im Laufe des Gesprächs mit Momo wird er alt und wieder jung und deutet somit seine Alterslosigkeit und Erhabenheit über die Vergänglichkeit der Zeit an.

Meister Hora stellt nach der Begrüßung fest, daß Momo "ungewöhnlich pünktlich" gekommen sei. Wie sich herausstellt, bedeutet bei Meister Hora Pünktlichkeit nicht wie für uns 'genau zu einem vorher festgesetzten Zeitpunkt', sondern zu einer "seltenen Sternstunde"[29], die er mittels einer Uhr ohne Zeiger und Minuten feststellen kann. Diese Sternstunden sind besondere Augenblicke, in denen der gesamte Kosmos so zusammenwirkt, daß etwas Einmaliges geschehen kann, das weder vorher noch hinterher jemals möglich ist; man muß diese Sternstunden nur zu spüren und zu nutzen wissen.

Michael Ende scheint den Gedanken der 'Sternstunde' aus der antiken griechischen Vorstellung von der (qualitativen) Zeit als καιρός entlehnt zu haben, der, im Gegensatz zur quantitativen und meßbaren Zeit des χρόνος, die 'rechte Zeit' oder den 'inhalts-und bedeutungsvollen Zeitmoment' bezeichnet. Der καιρός der in der griechischen Antike vergöttlicht wurde, galt u.a. bei Platon und Aristoteles als "schauendes, zeitlos empfundenes Augenblickserleben"[30], in dem alles "auf einmal und für immer begriffen und entschieden"[31] war; dies entspricht genau dem Gedanken, den Meister Hora über die seltenen Sternstunden äußert.

Nachdem Momo sich mit einem Frühstück in einem aus den Rückwänden von Uhrenkästen gebildeten Raum, in Meister Horas 'Uhr-Wald', gestärkt hat – auch hierbei ist wieder alles aus Gold, von der Kerze über Semmeln, Butter und Honig bis hin zur Kakaokanne und Tasse –, beginnt zwischen ihr und Meister Hora eine Konversation

---

[28] Bauer, W., *Lexikon der Symbole*, S. 415
[29] Ende, M., *Momo*, S.144
[30] Engelhardt, U., *Der Kairos als Ansporn zu erfülltem Leben*, S.31
[31] Kerkhoff, M., *Zum antiken Begriff des Kairos*, S.267

über die Schildkröte Kassiopeia. Diese kann zwar genau eine halbe Stunde in die Zukunft sehen, aber sie kann nichts an dem Geschehen der Zukunft ändern. Momo wundert sich, welchen Nutzen es habe, die Zukunft voraussagen zu können, wenn man trotz seines Wissens keinen Einfluß auf den weiteren Verlauf des Geschehens habe. Meister Horas Antwort verwirrt Momos Gedanken "wie ein aufgegangenes Fadenknäuel"[32]: Kassiopeia wußte, welchen Weg sie mit Momo gehen und daß sie auf diesem den grauen Herren nicht in die Arme laufen würde – dieses Wissen um den positiven Ausgang der Ereignisse sei schon viel wert, meint Meister Hora. Offensichtlich hatte Kassiopeia dadurch den Mut, den eingeschlagenen Weg trotz widriger Umstände fortzusetzen. Im 21. Kapitel kann sie Momo sogar im voraus sagen, was diese tun wird, und ihr damit helfen zu wissen, was sie tun muß. Dieser Gedanke ist in der Tat verwirrend: Kassiopeia weiß, was in der Zukunft geschehen wird, und kann Momo deshalb sagen, was zu tun ist, damit dieses zukünftige Geschehen tatsächlich eintritt. Durch diesen *circulus vitiosus* macht Ende die Komplexität der 'Zeit' und die Verschlungenheit von Zukunft und Gegenwart deutlich.

Als nächstes zeigt Meister Hora Momo seine Allsicht-Brille, mit der er – wie Gott – alles Geschehen in der Stadt betrachten kann. Dadurch kommt das Gespräch auf einen wichtigen Aspekt von Zeit, der das gesamte Buch durchzieht und Michael Ende sehr wichtig zu sein scheint: Meister Hora erklärt Momo, daß jeder Mensch seine eigene, persönliche, von Anfang an festgesetzte Lebenszeit hat. Diese bleibt jedoch nur lebendig, solange man sie nicht an irgendwelche 'grauen Herren' aus der Hand gibt, solange man sich nicht fremdbestimmen läßt von Hast und Zeitdruck. Wenn man kalt, ruhelos, sich selbst entfremdet und 'lieb-los' wird wie die Menschen in Momos Stadt, so lebt man nicht wirklich, sondern die eigene Lebenszeit "stirbt buchstäblich"[33]. Zeit ist also für Ende nicht eine unbestimmte Größe, die von außen betrachtet wird, sondern ein persönliches, individuelles 'Gefäß', dessen Größe, nämlich die eigene Lebenszeit in ihrer Länge, festgelegt ist, das man aber sinnvoll füllen muß, um wirklich zu leben.

Nun folgt der Höhepunkt des Gesprächs zwischen Momo und Meister Hora, der Momo ein Rätsel aufgibt, das die 'Zeit' und Michael Endes Zeit-Verständnis so treffend darstellt, daß es hier wörtlich zitiert werden soll:

Drei Brüder wohnen in einem Haus,
die sehen wahrhaftig verschieden aus,
doch willst du sie unterscheiden,

---

[32] Ende, M., *Momo*, S. 148
[33] A.a.O., S. 152

41

gleicht jeder den anderen beiden.
Der erste ist nicht *da, er kommt erst nach Haus.*
Der zweite ist nicht *da, er ging schon aus.*
Der dritte ist da, der kleinste der drei,
denn ohne ihn gäb's nicht die anderen zwei.
Und doch gibt's den dritten, um den es sich handelt,
nur weil der erst' sich in den zweiten verwandelt.
Denn willst du ihn anschaun, so siehst du nur wieder
immer einen der anderen Brüder!
Nun sage mir: Sind die drei vielleicht einer?
Oder sind es nur zwei? Oder ist es gar – keiner?
Und kannst du, mein Kind, ihre Namen mir nennen,
so wirst du drei mächtige Herrscher erkennen.
Sie regieren gemeinsam ein großes Reich –
und sind es auch selbst! Darin sind sie gleich.[34]

In Hinsicht auf die drei vorgestellten Zeitmodelle von Zeitstrahl, Zeitfluß und Zeit-spirale kann man Michael Endes Zeitverständnis aufgrund dieses Rätsels recht leicht als das des Zeitflusses erkennen. Momo legt das Rätsel u.a. mit den Worten aus, daß es die Gegenwart nur gibt, weil sich die Zukunft in die Vergangenheit verwandelt, wie es auch bei der Betrachtung der Zeit als Strom, der von der Zukunft durch die Gegenwart in die Vergangenheit fließt, gedacht wird.

Momo nähert sich der Lösung des Rätsels mit derselben Überlegung, die für die Beschreibung dieses Zeitmodells verwendet wurde, nämlich mit der Betrachtung des Fortschreitens der Zeit von außen anhand der Entwicklung einer Blume durch drei verschiedene Daseinszustände, nämlich vom Samenkorn über die Blüte bis hin zur Frucht, was den drei Aspekten von Zeit entspricht.

Die Gegenwart nennt Ende in dem Rätsel-Gedicht "den kleinsten der drei Brüder", da die Gegenwart immer nur aus einem Augenblick besteht, der, wenn man ihn be-trachten will, schon wieder zur Vergangenheit geworden ist. Momo erkennt, daß die Vergangenheit die gewesenen Augenblicke sind und die Zukunft die kommenden, so daß es beide ohne den Augenblick der Gegenwart nicht gäbe. Letztlich sind alle drei Zeitformen voneinander abhängig, können nur gemeinsam existieren und ergeben zusammen die Zeit. Die Welt wird als das "Haus" der Zeit bezeichnet, d.h. daß für Michael Ende die Zeit etwas Irdisches, der Welt Immanentes ist.

Nach dem erfolgreichen Lösen des Rätsels stellt Momo die zentrale Frage des Bu-ches:

---

[34] Ende, M., *Momo*, S. 154

"Was ist denn die Zeit eigentlich? ... Ich meine, die Zeit selbst, sie muß doch irgendwas sein? Es gibt sie doch! ... Sie ist da, das ist jedenfalls sicher. Aber anfassen kann man sie nicht. Und festhalten auch nicht."[35]

Momo vergleicht die Zeit mit einem Duft oder dem Wind, der irgendwo herkommt und an einem vorbeizieht. Schließlich kommt sie darauf, daß die Zeit so eine Art Musik sei, die man jedoch nicht hören könne, weil sie immer da sei – es sei denn, man hat so ein feines Gehör und Gespür für das Leben und ist so frei und unabhängig von der Zeit wie Momo.

Diese stellt nun noch eine zweite wichtige Frage, nämlich die, welche Rolle Meister Hora in Bezug auf die Zeit spiele. Er selbst sagt, daß die Lebenszeit aller Menschen von ihm, aus dem "Nirgend-Haus" in der "Niemals-Gasse", ausgehe. Auf Momos ehrfürchtige Frage hin, ob er die Zeit selbst mache, antwortet er lächelnd, daß er nur ihr Verwalter sei, dessen Pflicht es sei, jedem Menschen die ihm bestimmte Zeit zuzuteilen. Nun mag sich der Leser fragen, wer Meister Hora, da er offenbar nicht Gott, den Schöpfer der (Lebens-) Zeit symbolisiert, denn wohl sei. Man kann in ihm sicher die Zeit selbst, die Personifikation der Zeit, sehen.

Momo geht jedoch noch einen Schritt weiter und wagt die entscheidende Frage: "Bist du der Tod?"[36] Darauf antwortet Meister Hora nur mit einer indirekten Antwort, so daß sich jeder Leser seine eigenen Gedanken machen kann:

"Wenn die Menschen wüßten, was der Tod ist, dann hätten sie keine Angst mehr vor ihm. Und wenn sie keine Angst mehr vor ihm hätten, dann könnte niemand ihnen mehr die Lebenszeit stehlen."[37]

Michael Ende sieht demnach im Tod die natürliche Begrenzung des Lebens, den "Verwalter" der Zeit, was dem astrologischen Denken, dem der Schriftsteller recht nahe stand, entspricht; in diesem Denken wird der Tod sehr häufig als "Herr der Zeit" bezeichnet[38], vor dem man sich nicht zu fürchten braucht. Die Geheimlehre des Tarot besagt sogar, daß derjenige, der die Angst vor der Macht des Todes verliere, jede Zerstörung überwinde, stets neu den Sieg der Lebenskräfte davontrüge und "aus dem Dunkel zum Licht" gelange[39]. Die Überwindung der Angst vor dem Tod ist dementsprechend eine sehr wichtige Botschaft in *"Momo"*, weshalb der Tod als ein liebenswürdiger, weiser, fürsorglicher, meistens alter Mann auftritt, in dessen Armen sich

---

[35] Ende, M., *Momo*, S. 158
[36] A.a.O., S. 160
[37] Ebd.
[38] Bauer, W., *Lexikon der Symbole*, S. 360
[39] A.a.O., S.361

Momo geborgen fühlt. Würden die Menschen mit Momo ihre Angst vor dem Tod verlieren und, sich mit ihr identifizierend, sagen: "Ich hab' keine Angst!"[40], so würden sie, glaubt Ende, nicht mehr dazu getrieben, ihrer Lebenszeit hinterherzurennen und sie zu 'sparen'; sie wären nicht mehr ruhe- und lieblos und könnten anfangen, wirklich zu leben und vielleicht sogar gelegentlich, wie Momo, dem Klang der 'Zeit-Musik' lauschen.

Um dem Leser noch weiter die Angst vor dem Tod zu nehmen, bietet Michael Ende in *"Momo"* eine Vorstellung davon an, was nach dem Tode zu erwarten ist: Wenn man sterbe, erklärt Ende mit den Worten Meister Horas, so höre auch die Zeit für einen auf und man gehe durch die Zeit zurück, wandere rückwärts durch sein Leben[41] bis zu dem "großen runden Silbertor"[42], durch das man ins Leben gekommen sei. Dahinter sei man dort, wo diese o.g. Musik, der 'Klang der Zeit', herkomme; doch dann höre oder spüre man diese Musik nicht mehr – man sei selbst ein Teil davon[43]. Zeit, Leben und Musik gehören für Ende also zusammen, wobei der Tod nur die Lebenszeit des einzelnen Menschen beendet; das 'Leben' geht jedoch in Endes Vorstellung in anderer Form weiter, als Teil der Musik, der Gesamt-Zeit des Kosmos.

Der Vergleich Momos von der Zeit mit einer 'überirdischen' Musik, die sie schon manchmal ganz leise gehört hat, gibt Meister Hora nach dieser komplizierten, eher theoretischen Unterhaltung über die Zeit und deren Ursprung den Anlaß, Momo nach einem langen, forschenden Blick anzubieten, sie dorthin zu führen, wo diese Musik und ihre eigene Lebenszeit herkommen. Momo stimmt dem Angebot zu, und so darf sie im zweiten Teil des 12. Kapitels praktisch erleben, was die Zeit ist und wo sie herkommt.

---

[40] Ende, M., *Momo.*, S. 160
[41] Vgl. diesen Gedanken mit den Forschungsergebnissen (die Ende offensichtlich kannte) der Sterbensforscherin Kübler-Ross, in: Kübler-Ross, E., *Über den Tod und das Leben danach,* S.18f
[42] Ende, M., *Momo,* S. 159
[43] Vgl. hierzu C. Ludwigs Kommentar zum Tod in der *Unendlichen Geschichte* Michael Endes, der m.E. genauso auf diese Stelle in *Momo* paßt: "Hier wird der Trost mit auf den Weg gegeben, daß der Tod nichts Endgültiges ist, daß es danach weiter geht, ja sogar zu einem Neuanfang kommen kann. Den Tod als etwas Erstrebenswertes zu betrachten, Sterben als Möglichkeit, eine Veränderung zu erreichen, ein anderes höheres Niveau, berührt wieder den philosophisch-religiösen Gedanken der Wiedergeburt." (Ludwig, C., *Was du ererbt...* , S.99)

44

7.3.2 Kapitel 12, 2. Teil

Zunächst nimmt Meister Hora Momo das Versprechen ab, während der gesamten 'Reise in den Ursprung der Zeit' kein Wort zu reden, was einem schon zu Beginn des Erlebnisses den Eindruck eines erhabenen Geheimnisses vermittelt: das Zeit-Erleben ist zu groß, zu mächtig und eindrucksvoll, als daß man darüber reden könne oder dürfe.

Dann bedeckt Meister Hora Momos Augen mit seiner Hand, die sich kühl wie der Schnee – kühl wie der Tod also! – anfühlt, nimmt sie fest in seine Arme, in denen sie sich sicher und geborgen fühlt, und schreitet mit ihr durch einen langen, dunklen Gang. Dabei hört Momo den regelmäßigen, stapfenden Klang seiner Schritte, was aber auch das Klopfen ihres eigenen Herzens sein könnte. Schließlich wird sie in einem Raum mit einer gewaltigen, goldenen Kuppel, in dem eine goldene Dämmerung herrscht, abgesetzt. Hier fällt wieder die Häufigkeit der Farbe 'Golden' auf, was zeigt, daß Michael Ende auch den 'Raum' der individuellen Lebenszeit als etwas Prächtiges und Glanzvolles betrachtet.

Nach einer Weile erkennt Momo in der Mitte der Kuppel ein Loch, durch das eine Lichtsäule senkrecht aus dem Himmel auf einen völlig runden, still und schwarz daliegenden Teich in der Mitte unter der Kuppel strahlt. In der Welt der Symbolik ist der Strahl "das Bild des aktiven, tätigen, handelnden Grundelements der Schöpfung"[44]. In den, Michael Ende bekannten, indischen Mythen ist die Urgestalt des höchsten Gottes die eines Lichtstrahls ohne Anfang und Ende, wie auch die Zeit weder Anfang noch Ende hat, und wie es bei dieser Lichtsäule in *"Momo"* der Fall ist. Auch die vollkommene Rundheit des Teichs sowie der Kuppel ist von Ende nicht zufällig gewählt, sondern entspricht der Ursymbolik des aus einer unendlichen Linie bestehenden Kreises von Geschlossenheit, Vollkommenheit und Unendlichkeit[45], wie sie Momo hier erlebt. Unendlichkeit wird ebenfalls durch das Wasser in dem Teich symbolisiert, das durch seinen Kreislauf und seine lebensspendende, reinigende Wirkung für ständige Wiederkehr, Erneuerung, Leben und Ewigkeit steht[46]. Die Kuppel birgt zusätzlich wie in der christlichen Baukunst das Symbol des Himmelsgewölbes in sich[47], was damit übereinstimmt, daß hier die Lichtsäule direkt aus dem Himmel herabkommt.

In der Lichtsäule sieht Momo einen hellen Stern schweben, der wie ein schwereloses Pendel – erinnernd an ein überdimensionales Uhrenpendel – über dem Teich hin-

---

[44] Bauer, W., *Lexikon der Symbole*, S.24
[45] Vgl. Ludwig, C., *Was du ererbt ...*, S.166f
[46] A.a.O., S. 172
[47] A.a.O., S.169

und herschwingt. Immer, wenn sich das "Sternenpendel" dem Rand des Teiches nähert, taucht an dieser Stelle aus dem Wasser eine große Blütenknospe auf, die sich öffnet und erblüht, während das Pendel eine Weile über ihr stehen bleibt. Doch schließlich schwingt das Pendel weiter, und die Blume verwelkt und stirbt schließlich. Die erste Blume, die Momo aufgehen sieht, ist so wunderschön, daß sie völlig in ihren Anblick versinkt und beinahe zu weinen anfängt, als diese stirbt. Doch dann entdeckt sie die Wiederkehr neuer und immer neuer Blumen bei jedem Ausschlagen des "Sternenpendels", wobei ihr jede neue Blume, während sie gerade blüht, als die schönste, die "Blüte aller Blüten"[48] vorkommt. Diese Blumen demonstrieren durch die ständige Wiederkehr von Knospe, Aufblühen, Verwelken und Sterben den Kreislauf der Zeit, letztlich die Zeit selbst, wie ihre spätere Bezeichnung "Stunden-Blume" durch Meister Hora ebenfalls deutlich zeigt. Das kurze Erblühen der Stunden-Blumen macht dem Betrachter, Momo wie dem Leser, klar, wie schmerzlich die Erfahrung von Vergänglichkeit sein kann[49] – die Gegenwart in all ihrer Schönheit ist nicht wiederholbar, sondern unwiederbringlich verloren. Momo erkennt aber auch, daß nach dem Schmerz eine neue Blume entsteht, was die Vergänglichkeit des Lebens durch den Prozeß der Wiederkehr zu einem Teil der Ewigkeit macht[50]. Ähnliches hat Momo bereits von Meister Hora gelernt, der ihr sagte, daß ihre Lebenszeit bzw. sie selbst in anderer Form nach dem Tod Teil der kosmischen Zeit, also der Unendlichkeit würde, wodurch Ende trotz der Vergänglichkeit des Seins Hoffnung auf eine Weiterexistenz nach dem Tode im Sinne seines religiösen Weltbildes machen möchte.

Nachdem Momo dieses Schauspiel der Blumen eine lange Zeit betrachtet hat, nimmt sie einen neuen Sinneseindruck wahr: In dieser Kuppel gibt es nicht nur Wunderschönes zu sehen, sondern Momo hört plötzlich auch einen Klang, der von der Lichtsäule ausgeht. Zuerst gleicht er dem leisen Rauschen des Windes, doch dann scheint er allmählich immer lauter zu werden und steigert sich vom Brausen eines Wasserfalls über das Donnern der Meeresbrandung bis hin zu einem unglaublichen Tosen. Dabei wird Momo langsam gewahr, daß dieser Klang eigentlich aus unzähligen Harmonien besteht, die sich ständig neu zusammenfügen und eine wunderbare, unbeschreibliche Musik bilden. Diese 'Licht-Klang-Säule' scheint jede neue, einmalige und unwiederholbare Blüte aus dem Teich hervorzurufen und zu kreieren.

Nach einer Weile nimmt Momo sogar einzelne Stimmen in dieser überirdischen Musik wahr, jedoch nicht menschliche Stimmen, sondern eher als ob Gold und Silber und alle Metalle sängen, in einer noch nie gehörten Sprache, die Momo dennoch ver-

---

[48] Ende, M., *Momo*, S. 162
[49] Vgl. Ludwig, C., *Was du ererbt...* , S. 200
[50] Vgl. Lurker, M., *Der Kreis als Symbol...*, S. 85

steht. Schließlich begreift sie, daß es Sonne, Mond und alle Sterne sind, die da singen und ihre eigenen, wirklichen Namen offenbaren. Wie ein Glaubensbekenntnis Endes klingt der darauffolgende Satz:

> *Und in diesen Namen lag beschlossen, was sie tun und wie sie alle zusammen-wirken, um jede einzelne dieser Stunden-Blumen entstehen und wieder verge-hen zu lassen.*[51]

Momo begreift, daß in dieser 'himmlischen' Musik der gesamte Kosmos zu ihr spricht und sie wie mit einem riesigen Gesicht anblickt. Da überkommt sie eine Ehr-furcht, größer als alle Angst, und sie flieht Meister Hora in die Arme, der sie durch den langen, dunklen Gang zurück in seinen Uhren-Saal bringt.

Als Momo ihrer Ehrfurcht stockend Ausdruck verleiht und darüber staunt, daß die Zeit aller Menschen so groß sei, erfährt sie von Meister Hora, daß sie am Ursprungs-ort lediglich ihrer eigenen Zeit gewesen sei, den man mit gewöhnlichen Augen nicht sehen könne und wohin man nur gelangen könne, wenn man sich von ihm, Meister Hora, tragen lasse.

> *"Aber wo war ich denn?"*, [fragte Momo.] – *"In deinem eigenen Herzen"*, sagte Meister Hora.*[52]

Das eigene Herz ist für Michael Ende demnach der Ort, wo die persönliche Lebens-zeit eines Menschen herkommt. Allerdings ist dieser Ort kein hermetisch abgeschlos-sener Raum, sondern er ist durch die 'Musik-Licht-Säule' verbunden mit dem gesam-ten Kosmos. Der 'Gesang' der Himmelskörper, die gesamte Zeit des Universums also, klingt für Michael Ende in die individuelle Zeit des Menschen hinein, bestimmt diese Zeit und formt die "Stunden-Blumen" der Gegenwart, deren Blüten immer gerade 'jetzt' am schönsten sind. Michael Ende apelliert damit intensiv an unsere Wahrneh-mung und unseren Umgang mit der Gegenwart, die wir Leser nicht einfach verstrei-chen lassen dürften, sondern deren überwältigende Schönheit wir mit jedem Augen-blick neu erkennen und bestaunen sollten.

Der zweite Teil des 12. Kapitels ist von Ende nicht als Nachdenken über die Zeit im allgemeinen angelegt, sondern als Aufruf an die Menschheit, die eigene Lebenszeit als beeinflußt vom 'Gesang' und dem Zusammenwirken der Planeten und als Teil des gesamten Universums zu begreifen, dessen Schönheit und Größe einen mit Ehrfurcht erfüllen und die Gegenwart zum 'Erblühen' bringen könne.

---

[51] Ende, M., *Momo*, S. 164
[52] A.a.O., S. 165

Momo hat dieses Geheimnis verstanden und möchte zurück in ihre Ruine, um es ihren Freunden zu erzählen, was zeigt, daß man von dem Erleben der kosmischen 'Zeit-Musik' laut Ende nicht schweigen kann, wenn es einem einmal zuteil geworden ist. Doch wie eingangs erwähnt ist es schwer, dieses Erlebnis des Geheimnisses des Universums in irdisch-menschliche Worte zu fassen; die Worte müssen in einem, wie für Momo, erst einmal wachsen. Deshalb läßt Meister Hora Momo "wie ein Samen-korn, das in der Erde schläft"[53] für ein ganzes Jahr in einen tiefen Schlaf fallen, den man offensichtlich braucht, um dieses kosmische Wissen und Erlebnis der Zeit zu verarbeiten.

Damit endet das 12. Kapitel, das wohl das mystischste, geheimnisvollste und wich-tigste in Michael Endes 'Zeit-Roman' *"Momo"* darstellt.

---

[53] Ende, M., *Momo*, S. 166

8 *"Meine Zeit in Gottes Händen"* -- Darstellung der Zeittheorie von Eilert Herms

Eilert Herms' Aufsatz *"Meine Zeit in Gottes Händen"*, der ursprünglich im September 1994 auf der Sitzung der Fachgruppe Systematische Theologie der Wissenschaftlichen Gesellschaft für Theologie in Würzburg als Vortrag gehalten wurde, beginnt mit zwei wichtigen grundlegenden Klarstellungen zu diesem Satz aus Ps 31,16, die der Gesamtinterpretation dieser Bekenntnisaussage vorangestellt sind.

Zum einen betont Herms, daß das Personalpronomen 'meine' sich nicht nur auf den ursprünglichen Beter und Verfasser des 31. Psalmes bezieht, sondern daß jeder aus dem Volk Gottes aufgrund der für den Glaubenden zu bejahenden Bekenntnisaussage des Psalms in dieses Lied[54] miteinstimmen kann. Darüber hinaus meint Herms sogar, daß dieses Bekenntnis und die darin liegende transzendentale Aussage über alle geschaffenen Personen nicht nur für jeden Glaubenden gilt, sondern überdies – aus Sicht des Glaubenden – "für jedes mögliche geschaffene Ich überhaupt"[55], auch wenn nicht alle 'Ichs' die sie betreffende transzendentale Wahrheit dieses Satzes unbedingt (an-) erkennen wollen oder können. Warum der transzendentale Inhalt dieser Aussage allgemeingültigen Charakter hat, wird im Laufe dieses Aufsatzes deutlich werden.

Die zweite wichtige Voranstellung, die Herms macht, ist das Problem der Übersetzung des hebräischen Wortes 'Et', das zum einen entsprechend dem griechischen Ausdruck χρόνος lediglich die 'physikalische' Zeit meinen kann, zum anderen aber auch den mit dem griechischen Wort καιρός bezeichneten 'Zeitraum', der eine bestimmte, inhaltlich gefüllte Zeit meint, was eine Pluralisierung des Wortes möglich macht. Zusätzlich kann 'Et' auch noch als 'Geschick' oder 'Zukunft' übersetzt werden, wobei Herms in seinem Aufsatz jedoch vom Kontext her bei der weitesten Bedeutung, καιρός, des Wortes 'Et' bleiben möchte.

Nach diesen beiden Klarstellungen beginnt Herms mit seiner eigentlichen Exegese, die er, entsprechend der Struktur des grammatischen Gefüges des Satzes 'Meine Zeit in Gottes Händen', in drei Teile gliedert, die die drei folgenden Fragen beantworten:

---

[54] Ursprünglich waren die (meisten) Psalmen als Lieder gedichtet und komponiert worden, deren Melodien uns im Laufe ihrer Tradierung mangels Niederschrift der Musik leider verlorengegangen sind.

[55] Herms, E., *Meine Zeit in Gottes Händen*, S.67

(1) "Welchen prädikablen Gegenstand bezeichnet der Ausdruck '*Zeit*'?"[56]

(2) "Was heißt 'Zeit' in der Näherbestimmtheit als '*meine* Zeit'?"[57]

(3) "Was besagt die Prädikation 'meiner Zeit' als befindlich '*in Gottes Händen*'?"[58]

Der erste Teil, '*Zeit*', nähert sich diesem Phänomen von der theoretisch-abstrakten philosophisch-theologischen Seite her und nimmt den größten Teil von Herms' Exegese ein. Die anderen beiden, zunehmend kürzeren Teile beschäftigen sich anschließend mit dem den Glaubenden betreffenden bekenntnishaften Inhalt dieses Psalm-Verses.

Nun soll mit dem ersten Teil, der sich wiederum in viele Unterpunkte aufteilt, begonnen werden.

8.1 ZEIT

8.1.1 Der prädikable Sachverhalt 'Zeit'

Zu Beginn der Darstellung seiner Zeittheorie stellt Herms fest, daß der Ausdruck 'Zeit' einen "*prädikablen Sachverhalt*"[59] bezeichnet.

Unter 'prädikabel' versteht Herms die Tatsache, daß man über einen Sachverhalt eine bestimmte, wahrheitsfähige Aussage machen kann. Dabei kann es sich entweder um solche Sachverhalte handeln, die wir "durch einen unserer symbolisierenden Akte [setzen]"[60], d.h. die wir selbst erfinden, oder um solche, die wir einfach nur vorfinden, die uns "in ihrer Eigenart [bereits] vorgesetzt sind"[61]. In letztere Gruppe von Sachverhalten gehört die Zeit, die uns von unserem ersten Lebensmoment an in ihrer Eigenart bereits vorgesetzt ist und die "*für* uns als *durch* uns zu erkennender, zu symbolisierender, zu prädizierender Sachverhalt erscheint"[62].

Dieses *Erscheinen* der Zeit für uns ist Voraussetzung dafür, daß wir sie überhaupt erkennen und wahrheitsfähige Aussagen über sie machen können, was im folgenden geschehen wird.

---

[56] Herms, E., *Meine Zeit in Gottes Händen*, S. 68
[57] Ebd.
[58] Ebd.
[59] Ebd.
[60] Ebd.
[61] Ebd.
[62] Ebd.

8.1.2 Zwei Klassen von Sachverhalten

Herms teilt, ähnlich wie die Idealisten[63], die wahrheitsfähigen, prädikablen und uns erscheinenden Sachverhalte – also die uns vorgesetzten und nicht von uns erfundenen Sachverhalte – auf in zwei Klassen, nämlich einerseits in die 1. Klasse des "*Erscheinenden*"[64], d.h. die Sachverhalte selbst, und andererseits in die 2. Klasse des "*Erscheinens*-des-Erscheinenden"[65], d.h. den eigentlichen Prozeß des Erscheinens der Sachverhalte für uns.

Diese beiden Klassen von Sachverhalten unterscheiden sich durch mehrere Charakteristika, die im folgenden tabellarisch dargestellt werden sollen.

---

[63] Die auf Platon zurückgehende philosophische Schule der Idealisten, wie z.B. Kant, Fichte, Schelling, Hegel u.a., teilte die Welt der Gegenstände und Sachverhalte um uns herum auf in die Gegenstände und *Sachverhalte selbst* einerseits und die davon abstrahierte *Existenz* bzw. das *Erscheinen* der Gegenstände und Sachverhalte andererseits, so daß die "sinnliche Wirklichkeit als Erscheinung eines [wie auch immer gearteten] Übersinnlichen aufgefaßt" wird. (Vgl., *Das moderne Lexikon*, Bd. 8, S. 320)

[64] Herms, E., *Meine Zeit in Gottes Händen*, S.69

[65] Ebd.

1. Klasse (von Sachverhalten)	2. Klasse (von Sachverhalten)
'ERSCHEINENDES'	*'ERSCHEINEN-DES-ERSCHEINENDEN'*
Diese Klasse ...	Diese Klasse...
• ... umfaßt die Sachverhalte selbst.	• ... umfaßt das *Erscheinen* der Sachverhalte.
• ... umfaßt alles Erscheinende (uns Vor-gesetzte) in seiner Bestimmtheit und damit auch Unterschiedenheit von anderem Erscheinenden.	• ... umfaßt das 'Erscheinen-des-Erscheinenden' in seiner Einheit, die alles, was durch das Erscheinende erscheint, beinhaltet.
• ... enthält "eine unübersehbar große Mannigfaltigkeit von Elementen"[66].	• ... enthält "nur dieses eine einzige Element"[67], nämlich das Erscheinen selbst.
	• ... ist nur dann nicht leer, wenn zum bloßen Erscheinen des Sachverhalts dieser Sachverhalt selbst hinzutritt, dessen Erscheinen man meint.
	• Das *Erscheinen* umfaßt immer Inhalt und Empfänger, d.h. es ist immer Erscheinen VON etwas FÜR jemanden ALS etwas[68].
	• Nur aufgrund des *Erscheinens*-des-Erscheinenden ist dieses Erscheinende für uns ein prädikabler, d.h. ein für uns bestimmbarer, zu betrachtender und erkennbarer Sachverhalt.

Diese Unterscheidung von *'Erscheinendem'* und dem *'Erscheinen*-des-Erscheinenden', d.h. der 1. und 2. Klasse von wahrheitsfähigen, prädikablen, uns vor-gesetzten Sachverhalten, ist für das Verständnis dieser Arbeit von größter Wichtigkeit, da Herms diese Unterscheidung immer wieder verwendet und seine gesamte Zeittheorie, die nun folgt, darauf aufbaut.

---

[66] Herms, E., *Meine Zeit in Gottes Händen*, S.69
[67] Ebd.
[68] Herms, E., Aussage bei einem Gespräch am 23.2.2000

8.1.3 *Zeit als* Erscheinen *des Erscheinenden*

Nun stellt sich natürlich die Frage, in welche der beiden Klassen von Sachverhalten die Zeit einzuordnen sei. Besteht Zeit aus vielen einzelnen für uns erscheinenden Sachverhalten, wie z.B. Augenblicken, Erlebnissen, Stunden, Tagen und Jahren, oder erscheint sie uns lediglich, ist sie nur eine alles umfassende gesamte Einheit?

Herms beantwortet diese Frage zunächst damit, daß er behauptet, Zeit gehöre nicht in die 1. Klasse von Sachverhalten, wofür er zwei Gründe anführt:

Zum einen begründet Herms seine Behauptung mit der "*universalen Medialität*"[69] von Zeit, die darin besteht, daß wir außerhalb des Mediums Zeit nichts erfassen und erkennen können, auch nicht die Zeit selbst.

Zum anderen liegt die Begründung von Herms' Einordnung der Zeit in die 2. Klasse von Sachverhalten an der *Undefinierbarkeit* von Zeit, die sich darin zeigt, daß letztlich jeder Definitionsversuch in einem Zirkelschluß oder einer Tautologie endet. Als Grund für die Nichtdefinierbarkeit von Zeit führt Herms unsere Definitionsweise an, in die sich das *defiendum* 'Zeit' nicht einfügen läßt: Normalerweise definieren wir Gegenstände oder Sachverhalte mithilfe von sog. '*hierarchischen Sinnrelationen*'[70], d.h. indem wir Dinge in verschiedene Klassen einordnen, die einander wiederum übergeordnet ('Hyperonymie', '*genus proximum*'), untergeordnet ('Hyponymie') oder beigeordnet ('Heteronymie') sind und mit deren Hilfe wir dann etwas erklären oder anhand eines Beispiels erläutern können[71].

---

[69] Herms, E., *Meine Zeit in Gottes Händen*, S.71; Herms verweist an dieser Stelle auf Immanuel Kant.

[70] Ursprünglich stammen diese sog. 'Taxonomien' aus der Biologie, wo Tiere und Pflanzen in verschiedene Arten, Klassen und Untergruppen eingeordnet werden.

[71] Beispiele für solche Erklärungen oder Definitionen mithilfe von hierarchischen Sinnrelationen wären: "Eine Rose ist eine Art Blume." (Erklärung mithilfe eines Hyperonyms), oder: "Eine Blume ist z.B. eine Rose." (Erklärung mithilfe eines Hyponyms), oder: "Eine Rose ist so etwas wie eine Tulpe, nur mit einer anderen Blüte und ... ." (Erklärung mithilfe eines Heteronyms und den Unterschieden zwischen den beiden Heteronymen 'Rose' und 'Tulpe').

Ein Beispiel für eine hierarchische Sinnstruktur ist folgendes[72]:

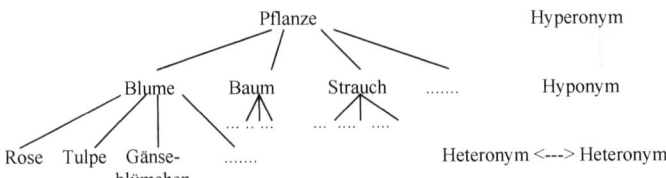

Versucht man nun, 'Zeit' auf diese Weise in eine hierarchische Struktur einzuordnen, so wird man bald auf die Unmöglichkeit dieses Unterfangens stoßen: Was ist das Hyperonym von Zeit? Was sind ihre Heteronyme, d.h. welche Sachverhalte stehen mit ihr auf einer Stufe in der Hierarchie? Und was sind ihre Hyponyme, vielleicht Stunden oder Jahre?

Zeit läßt sich also, wie alle Transzendentalien, genausowenig definieren, wie sie sich in eine hierarchische Sinnstruktur einordnen läßt. Versucht man sie jedoch mit untergeordneten Begriffen zu erklären, kommt das 'defiendum', also die Zeit, automatisch selbst wieder in diese Erklärung hinein, da aufgrund der 'universalen Medialität' von Zeit "alle möglichen für uns überhaupt als zu erkennende und zu bestimmende erscheinenden besonderen Sachverhalte", mit deren Hilfe wir 'Zeit' zu erklären versuchen, ihrerseits "als solche wieder irgendwie zeitlich [sind]"[73].

Daraus schlußfolgert Herms, daß Zeit, da sie sich nicht in die 1. Klasse von Sachverhalten einordnen läßt, als transzendenter Sachverhalt in die 2. Klasse von Sachverhalten gehört, die in ihrer gesamten Einheit erscheinen und nur durch sich selbst als ein einziges Element diese Klasse ausfüllen, die Herms nun die Klasse des "*Erscheinens*-von-besonderem-Erscheinenden-für-uns-als-durch-uns-zu-erkennendem-und-zu-bestimmendem"[74] nennt.

Nun soll diese 2. Klasse von Sachverhalten einschließlich der Zeit und dem '*Erscheinen*-des-Erscheinenden' näher untersucht werden.

---

[72] Vgl. Kortmann, B., *Linguistik: Essentials*, S. 168f
[73] Herms, E., *Meine Zeit in Gottes Händen*, S.71f
[74] A.a.O., S.72

8.1.4 Die 2. Klasse von Sachverhalten

Die 2. Klasse von Sachverhalten, die das *Erscheinen* der Sachverhalte beinhaltet, läßt sich laut Herms nochmals in zwei 'Unterklassen' aufteilen, deren Unterscheidung in diesem Essay eine große Rolle spielt:

Herms differenziert den "Themasachverhalt"[75] und Ausdruck 'Erscheinen' der 2. Klasse nochmals einerseits in das Erscheinen des Sachverhalts selbst, andererseits in das Erscheinen des Erscheinens des Sachverhalts. Der Fokus liegt also im ersten Fall darauf, wie einem der Sachverhalt, d.h. das Resultat des Erscheinens, erscheint, während im zweiten Fall das Erscheinen dieses Sachverhalts, also der dynamische Prozeß des Erscheinens, im Mittelpunkt steht. Es liegt somit im Grunde genommen eine Dreiteilung der für uns erscheinenden Sachverhalte vor, die sich schematisch folgendermaßen skizzieren ließe:

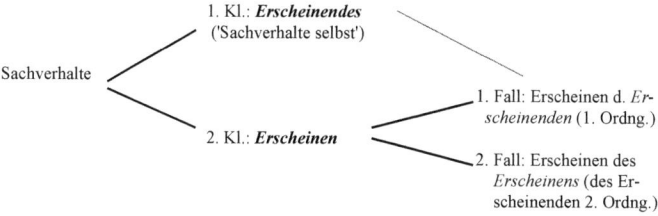

Herms nennt, wie in der Skizze erkenntlich, den ersten Fall, also das Erscheinen des *Erscheinenden*, das "Erscheinen von Erscheinendem erster Ordnung", und den zweiten Fall, also das Erscheinen des *Erscheinens* von Erscheinendem das "Erscheinen von Erscheinendem zweiter Ordnung"[76]. Dieses Erscheinende 2. Ordnung ist, wie im Laufe dieser Untersuchung noch detaillierter gezeigt werden wird, die Basis des Erscheinenden 1. Ordnung[77]. An dieser Stelle weist Herms lediglich darauf hin, daß das Erscheinen des Erscheinenden nur aufgrund seines Erscheinens überhaupt erst zu einem für uns prädikablen Sachverhalt wird, d.h. zu einem Sachverhalt, der für uns betrachtbar, bestimmbar und erkennbar ist.

---

[75] Herms, E., *Meine Zeit in Gottes Händen*, S. 77

[76] A.a.O., S. 72

[77] Da die von Herms bevorzugt benutzten Ausdrück 'Erscheinendes 1. Ordnung' und 'Erscheinendes 2. Ordnung' die Differenzierung zwischen dem Erscheinen des Erscheinenden und dem Erscheinen des Erscheinens des Erscheinenden m.E. nicht deutlich genug hervorheben, werde ich im folgenden meistens die Bezeichnungen 'Erscheinen des *Erscheinenden'* und 'Erscheinen des *Erscheinens'* verwenden.

Der Unterschied zwischen dem Erscheinen des *Erscheinenden* und dem Erscheinen des *Erscheinens*, der später (8.1.10) noch genauer analysiert wird, liegt begründet in der 'doppelten Selektivität', die Herms nun näher beleuchtet.

8.1.5 Die 'doppelte Selektivität'

Stellt man bezüglich des Erscheinens[78] die Frage, wie dieses einem so erscheint, daß es für einen bestimmbar und erkennbar ist, so kommt man zu der Erkenntnis, daß ein bestimmter Fall bzw. Sachverhalt im Horizont des gesamten Möglichkeitsraums erscheint. Dieser eine Sachverhalt[79] – sei es ein abstrakter Sachverhalt wie z.b. ein Gedanke oder eine Handlung, oder sei es etwas Konkretes wie z.b. ein Gegenstand – wird gewählt und in der Gegenwart 'gehandhabt' oder umgesetzt, wodurch er, im Gegensatz zum gesamten Möglichkeitsraum, konkret erkennbar und bestimmbar ist und daher zu einem prädikablen Sachverhalt wird[80]. Aus dieser Differenz zwischen konkretisiertem Sachverhalt und gesamtem Möglichkeitsraum ergibt sich für Herms die 'doppelte Selektivität':

Diese besteht laut Herms darin, daß das Erscheinen eines Sachverhalts "jeweils in sich selbst und gleichursprünglich eine zweifache Wahl"[81] ist, nämlich erstens die Wahl des gesamten Möglichkeitsraums (1. Wahl) und zweitens die Wahl einer "bestimmten besonderen Menge von realisierten Möglichkeiten vor dem Hintergrund der nicht realisierten Möglichkeiten im Ganzen"[82] (2. Wahl). D.h., das Erscheinen von Erscheinendem ist das Erscheinen eines bestimmten selektierten und realisierten Falls[83] aus dem Inbegriff aller möglichen gleichartigen Fälle im Horizont des Möglichkeitsraumes, wobei dieses Erscheinen von Erscheinendem immer gleichzeitig den gesamten Möglichkeitsraum des Erscheinens an sich eröffnet.

Diese beiden Wahlen, die dem Erscheinen zu eigen sind, können selbstverständlich nicht voneinander losgelöst, sondern immer nur im Bezug aufeinander betrachtet werden:

---

[78] also bezüglich der 2. Klasse von Sachverhalten, die das Erscheinen 1. und 2. Ordnung umfaßt
[79] Mit *einem* Sachverhalt kann im folgenden auch jeweils eine bestimmte reale Menge mehrerer gleichartiger Sachverhalte gemeint sein.
[80] Bevor dieser Sachverhalt noch nicht realisiert, sondern nur möglich war, konnte man noch keine wahre oder falsche Aussage über ihn machen, da ja u.U. auch noch sein Gegenteil möglich und realisierbar gewesen wäre; daher wird ein Sachverhalt erst nach seiner Realisierung wirklich prädikabel.
[81] Herms, E., *Meine Zeit in Gottes Händen*, S.73
[82] Ebd.
[83] oder einer bestimmten realen Menge von Fällen (vgl. Fußn. 79)

Aufgrund der Wahl des Möglichkeitsraumes (1. Wahl) ermöglicht das Erscheinen als solches überhaupt erst das Gegenwärtigsein und Prädikabelsein jener Sachverhalte, die für die 2. Wahl einer konkreten Möglichkeit in Frage kommen. Gleichzeitig konstituiert das Erscheinen eines konkreten, bestimmten Sachverhalts durch das Gewählt-Werden dieser einen bestimmten Möglichkeit aus dem Gesamtraum aller Möglichkeiten die Differenz zwischen einer realisierten und damit besonderen Menge und dem "Inbegriff der nicht realisierten gleichartigen Elemente"[84] aus dem gesamten Möglichkeitsraum. In einem Bild ausgedrückt könnte man sagen, daß man durch die Wahl eines bestimmten Sachverhalts bzw. durch das Umsetzen einer konkreten Möglichkeit, also durch die 2. Wahl, die Tür zur Gesamtheit aller Möglichkeiten, die einem durch die 1. Wahl zur Verfügung stehen, schließt. Somit begründet die 1. Wahl (die Wahl des Gesamtraums) die Präsenz oder Gegenwart des Seins und der Zeit, die 2. Wahl (die Wahl eines konkreten bestimmten Sachverhalts) wiederum ist die "realisierende Wahl der Bestimmtheit des Besonderen".[85]

Wichtig ist ferner bei beiden Wahlen, daß sie gemeinsam dem Erscheinen zu eigen sind und für dieses beide "gleichwesentlich und gleichursprünglich"[86] sind, wobei die Wahl des gesamten Möglichkeitsraums die Wahl der konkreten Möglichkeiten beinhaltet und diese gleichsam umfängt.

Ausgehend von dieser zweifachen Wahl, die jedem Erscheinen anhaftet, macht Herms nun den Schritt zur Frage nach der Zeit selbst, indem er die 2. Wahl der 'doppelten Selektivität' näher beleuchtet und von dieser her auf die 'prozessuale Ordnung', die er als Grundlage der Zeit sieht, zu sprechen kommt.

8.1.6 Die 2. Wahl der 'doppelten Selektivität'

Die 2. Wahl – d.h. die realisierende Wahl konkreter Möglichkeiten aus dem Gesamtraum aller Möglichkeiten – beinhaltet und bewirkt die Spaltung der Wirklichkeit auf verschiedenen Ebenen, die aufeinander aufbauen und letztlich zur 'prozessualen Ordnung führen:

Erstens begründet die 2. Wahl die Differenz zwischen realer Bestimmtheit des Besonderen, das durch die 2. Wahl gewählt und realisiert wurde, und möglicher Bestimmtheit des Besonderen, das zwar im Horizont des gesamten Möglichkeitsraumes möglich gewesen wäre, aber letzten Endes nicht gewählt wurde.

---

[84] Herms, E., *Meine Zeit in Gottes Händen*, S.73
[85] Ebd.
[86] Ebd.

Dadurch konstituiert diese Wahl zweitens die Differenz zwischen den nicht mehr zu wählenden Sachverhalten bzw. Möglichkeiten, deren Wahl nämlich in dieser 2. Wahl schon getroffen wurde und dadurch die Tür zu allen anderen ursprünglich noch möglichen und zu wählenden Sachverhalten zufallen ließ, und eben den noch zu wählenden Sachverhalten bzw. Möglichkeiten, die durch die 1. Wahl bereits vorgegeben, aber durch die 2. Wahl noch zu realisieren sind.

Daraus schlußfolgert Herms drittens die durch die 2. Wahl etablierte Differenz von nicht mehr realisierbaren und noch nicht realisierten Möglichkeiten unserer selbst.

An diesem Punkt angelangt wird bereits deutlich, wie diese 2. Wahl durch ihre vielseitigen Differenzierungen mit der Zeit zusammenhängt: Die 2. Wahl teilt aufgrund ihrer Differenzierung von nicht mehr und noch nicht die Wirklichkeit in Vergangenheit und Zukunft, wobei der Akt der Wahl selbst die Gegenwart darstellt[87].

Diese vier Ebenen, auf denen die 2. Wahl eine Differenz schafft, könnten vereinfacht folgendermaßen dargestellt werden:

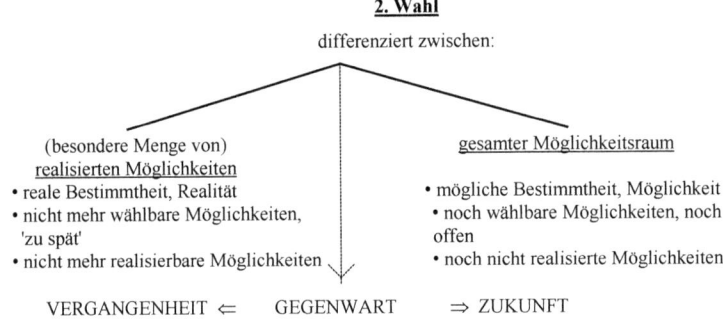

2. Wahl

differenziert zwischen:

(besondere Menge von) realisierten Möglichkeiten
• reale Bestimmtheit, Realität
• nicht mehr wählbare Möglichkeiten, 'zu spät'
• nicht mehr realisierbare Möglichkeiten

gesamter Möglichkeitsraum
• mögliche Bestimmtheit, Möglichkeit
• noch wählbare Möglichkeiten, noch offen
• noch nicht realisierte Möglichkeiten

VERGANGENHEIT ⇐ GEGENWART ⇒ ZUKUNFT

Diese Differenz von Vergangenem, nicht mehr Realisierbarem, und Zukünftigem, noch zu Realisierendem, die durch die 2. Wahl gegeben ist, basiert auf dem Erscheinen des Besonderen, das uns dieses besondere Erscheinende, welches wir wählen, in der 2., diese Differenz etablierenden Wahl vergegenwärtigt, so daß das Erscheinen selbst laut Herms letztlich die Gegenwart konstituiert:

Das Erscheinen des Erscheinenden [...] konstituiert das Gegenwärtigsein von Gegenwärtigem [...] durch die Differenz zwischen dem Gegenwärtigsein von

---

[87] Herms drückt dies folgendermaßen aus: Die 2. Wahl "konstituiert die Differenz zwischen vergangenen und ausstehenden Bestimmtheiten dessen, was für uns als durch uns zu bestimmendes gegenwärtig ist." (Herms, E., *Meine Zeit in Gottes Händen*, S.74)

nicht mehr durch uns zu bestimmendem Gegenwärtigem und noch durch uns zu bestimmendem Gegenwärtigen.[88]

Dieses Zitat macht zudem deutlich, daß Herms auch in dem Vergangenen, das für uns nicht mehr bestimmbar und änderbar ist, und dem Zukünftigen, das für uns noch wählbar ist, jeweils 'Gegenwärtiges' sieht, wobei dessen 'Gegenwärtigsein' natürlich jeweils aufgrund der oben dargestellten Differenzen unterschiedlich geartet ist und verschiedene Auswirkungen auf unsere Realität und unsere Beeinflußbarkeit derselben hat. Dennoch ist für Herms das bereits Gewählte sowie das noch zu Wählende durch sein Erscheinen für uns in diesem Erscheinen gegenwärtig.

Dies bedeutet, daß das *Erscheinen* des Erscheinenden, das uns zu dieser – in der Gegenwart stattfindenden und Vergangenes (nicht mehr Realisierbares) und Zukünftiges (noch zu Realisierendes) voneinander scheidenden – (2.) Wahl zwingt, für uns schließlich die **Zeit** selbst darstellt. Diese wiederum ist, wie bereits deutlich wurde, gekennzeichnet durch den ständig sich wiederholenden Ablauf von 'noch nicht' und 'nicht mehr', von 'noch möglich' und 'nicht mehr möglich', von 'noch wählbar' und 'nicht mehr wählbar', der immer wieder im Jetzt durch die realisierende (2.) Wahl stattfindet.

Diesen Ablauf nennt Herms die 'prozessuale Ordnung', die im folgenden näher dargestellt werden soll.

8.1.7 Die 'prozessuale Ordnung'

Nachdem durch die Darstellung der Vergangenes und Zukünftiges trennenden und für uns in der Gegenwart erscheinenden 2. Wahl klar geworden ist, daß das Erscheinen der (uns erscheinenden und von uns zu wählenden) Möglichkeiten die Zeit darstellt, fragt Herms nun, worin diese, für uns auf diese Art und Weise existierende, Zeit besteht.

Herms' Antwort lautet, daß Zeit für uns das Gegenwärtigsein und Erscheinen unserer selbst für uns darstellt; d.h., wir erleben Zeit nur aufgrund und durch die bewußte Wahrnehmung unseres Daseins[89].

Diese Herms'sche Zeit-Definition führt nun zu der bereits angekündigten 'prozessualen Ordnung', denn das Erscheinen und Gegenwärtigsein unseres Daseins für uns

---

[88] Herms, E., *Meine Zeit in Gottes Händen*, S.74
[89] Im Gegensatz dazu besitzen Tiere, die wohl kein Selbst-Bewußtsein, kein Bewußtsein für ihr eigenes Dasein, haben, dementsprechend wahrscheinlich kein Zeit-Empfinden in unserem menschlichen Sinne.

selbst konstituiert für uns nur unter der Bedingung Zeit, daß in diesem Gegenwärtigsein eine gewisse (zeitliche) Abfolge, ein wie oben (8.1.4) dargestellter Prozeß des Erscheinens der uns erscheinenden Möglichkeiten, enthalten ist. Diese Abfolge, die in der 'doppelten Selektivität' begründet ist, nennt Herms die 'prozessuale Ordnung':

> *Die durch das Erscheinen unseres Daseins für es selbst [...] für uns konstituierte Zeit besteht in der besonderen prozessualen Ordnung, die das Erscheinen-von-Besonderem-[...] selbst dem in ihm Erscheinenden [...] gibt.*[90]

Dies bedeutet, daß Zeit, die wir durch das Erscheinen und Gegenwärtigsein unseres Daseins für uns wahrnehmen – die für uns überhaupt erst aufgrund unserer Selbstwahrnehmung 'existiert' bzw. erscheint –, für uns in der Abfolge von einzelnem Erscheinen und von unserer Wahrnehmung von Sachverhalten und Ereignissen besteht.

Das Prozessuale in dieser Ordnung liegt eben in der 'doppelten Selektivität', bei der zuerst durch die 1. Wahl der Möglichkeitsraum vorgegeben wird, in dem noch alle Möglichkeiten offen sind, und dann in der 2. Wahl eine konkrete Möglichkeit gewählt wird. Daher ist die 'prozessuale Ordnung' die Ordnung des Verhältnisses zwischen

a) dem Inbegriff aller Möglichkeiten und

b) der Auswahl einer Möglichkeit aus allen gegebenen Möglichkeiten,

bzw. zwischen

a) dem Inbegriff von Möglichem und

b) dem in diesem Horizont stehenden Verwirklichten.

Der ständig und immer neu ablaufenden Schritt von a) nach b), d.h. die laufend stattfindende 2. Wahl der 'doppelten Selektivität', ist der Prozeß bzw. die 'prozessuale Ordnung', die wir Zeit nennen.

Dabei zu beachten ist folgendes: dieser Prozeß wird entweder von uns mit beeinflußt, indem wir (bewußt) die Auswahl (2. Wahl) einer Möglichkeit aus dem Gesamttraum aller Möglichkeiten treffen, was Herms als 'selektiven Übergang' von a) nach b) bezeichnet; oder dieser Prozeß ist, wie Herms es nennt, ein kontingent geregelter 'selektiver Hervorgang' einer Möglichkeit(smenge) aus allen gegebenen Möglichkeiten, auf den wir keinen Einfluß haben. In beiden Fällen, die je nach ihren Umständen vorkommen können, ist jedoch von der 'prozessualen Ordnung' die Rede, die für uns Zeit konstituiert, wobei Herms streng zwischen Zeit und Prozeß unterscheidet, was im folgenden kurz erläutert wird.

---

[90] Herms, E., *Meine Zeit in Gottes Händen*, S. 75

8.1.8 Prozeß und Zeit

Herms merkt zu seiner Darstellung der 'prozessualen Ordnung' in einer Fußnote an[91], daß der Begriff 'Zeit' in diesem Kontext auf dem Gedanken des Prozesses aufbaut, daß aber umgekehrt der Begriff 'Prozeß' nicht den Begriff 'Zeit' voraussetzt. Dies erklärt er damit, daß Zeit ihrem Wesen nach dadurch bestimmt ist, daß erstens ein Verhältnis zwischen Möglichem und bereits Verwirklichtem besteht – was durch die 2. Wahl der 'doppelten Selektivität' gegeben ist – und daß zweitens eine Veränderung dieses Verhältnisses stattfindet – was eben in diesem Prozeß der 'prozessualen Ordnung' der Fall ist. Gleichzeitig könnte jedoch laut Herms ein Prozeß trotz seines 'Zeit'charakters zumindest hypothetisch durchaus auch außerhalb unserer meßbaren Zeit ablaufen.[92]

Diese Unterscheidung von Prozeß und Zeit wird leichter verständlich, wenn man Herms' Essay *"Prozeß und Zeit"* betrachtet, in dem er das allgemeine Wesen eines Prozesses folgendermaßen definiert:

> *Prozesse (<Hervorgänge>) sind [...] selektive Übertritte von Möglichem aus dem Bereich der bloßen Möglichkeit in den der Wirklichkeit.*[93]

Auch hier wird wieder die Basis eines jeden Prozesses, nämlich die 'doppelte Selektivität', wie sie in der 'prozessualen Ordnung' abläuft, deutlich. Herms beschreibt diesen Übergangs-Prozeß der 'prozessualen Ordnung' von Möglichem zu Verwirklichtem als das Verschwinden des gewählten Möglichen aus der Sphäre der wählbaren Möglichkeiten des Selektors und als ein Eingehen dieses gewählten Möglichen in die "Sphäre des Wirklichen", die "Sphäre des Seins"[94].

Auch die Zeit ist für uns in Form des jeweils gegenwärtigen Augenblicks nichts anderes als dieses Eindringen der gewählten Möglichkeiten in die 'Sphäre des Seins', an dem sich jeweils Zukünftiges und Vergangenes, noch Mögliches und nicht mehr Mögliches spalten. Von diesem Prozeß der Selektion einer realisierten Möglichkeit und damit des Übergangs von Möglichem zu Tatsächlichem her wird in diesem Essay Zeit verstanden. Diesem Prozeß liegt also eine "wesentliche Zeitlichkeit"[95] zugrunde, die Herms die 'innere' Zeitlichkeit von Prozessen nennt. Dennoch ist der Prozeß als

---

[91] Vgl. Herms, E., *Meine Zeit in Gottes Händen*, S. 75, Fußn. 20
[92] Vgl. Herms, E., *Prozeß und Zeit*, S. 287
[93] Herms, E., *Prozeß und Zeit*, S. 287
[94] Ebd.
[95] Ebd.

Übergang von Möglichem zu Verwirklichtem in diesem Kontext *Voraussetzung* für, und nicht Folge von, Zeit, welche uns durch den Prozeß bzw. die 'prozessuale Ordnung' erscheint und den Übergang durch Selektion realisiert.

Gleichzeitig ist der Übergang von wählbarer Möglichkeit zu gewählter und verwirklichter Möglichkeit jeweils Bedingung für den nächsten Schritt von Möglichem zu Verwirklichtem, d.h. jede Selektion (jede 2. Wahl der 'doppelten Selektion' innerhalb der 'prozessualen Ordnung') ist Voraussetzung für jede weitere Selektion, wie Herms betont: "Jede Verwirklichung einer noch zu verwirklichenden Möglichkeit" setzt voraus, daß "andere Möglichkeiten bereits verwirklicht sind"[96] und die gegenwärtige Verwirklichung zeitlich nach den bereits verwirklichten Möglichkeiten erfolgt. Auch hier wird wieder deutlich, wie sehr der Prozeß Voraussetzung für zeitliches Geschehen ist, wobei diese Zeitlichkeit keine Vorbedingung für den ablaufenden Prozeß ist.

Aus diesem Grunde ist laut Herms in diesem Essay Zeit vom Gedankenkonzept des Prozesses her zu verstehen, so daß das Verhältnis von Prozeß und Zeit in diesem Zusammenhang das von Voraussetzung und Folge ist, auf dem nun die 'doppelte Ordnung' der 'prozessualen Ordnung' aufbaut.

8.1.9 Die 'doppelte Ordnung' der 'prozessualen Ordnung'

Wie bereits dargestellt (8.1.5), differenziert die 2. Wahl der 'doppelten Selektivität' zwischen noch Möglichem und nicht mehr Möglichem und führt dadurch zu einer Spaltung von Vergangenheit und Zukunft, wobei der immer wiederkehrende Schritt von Möglichem zu Verwirklichtem ein prozessualer ist, der uns die Zeit erscheinen läßt.

Herms unterteilt nun diesen differenzierenden Schritt der 'prozessualen Ordnung' nochmals in zwei einzelne, aber durchaus ineinander verzahnte Ordnungen, die er die 'doppelte Ordnung' nennt. Diese besteht darin, daß für uns alle gegenwärtigen Sachverhalte so erscheinen, daß sie eben durch dieses Erscheinen in ihrem Gegenwärtigsein und darin in ihrem Verwirklicht- und Gewähltsein die Wirklichkeit für uns einerseits aufteilen in schon verwirklichte und noch zu verwirklichende Möglichkeiten, andererseits aber auch gleichzeitig in zuerst und danach verwirklichte Möglichkeiten. Das bedeutet, daß uns das Erscheinen der gegenwärtigen Sachverhalte diese in der 'doppelten Ordnung von einerseits Vergangenheit und Zukunft spaltendem und ande-

---

[96] Herms, E., *Meine Zeit in Gottes Händen*, S. 75/76

rerseits darin nochmals 'früher' und 'später' unterscheidendem gegenwärtigen Erscheinen präsentiert.

Dabei ist die 2., 'früher' und 'später' differenzierende Ordnung der 'doppelten Ordnung' in der 1., Vergangenes und Zukünftiges differenzierenden Ordnung enthalten, denn durch das Erscheinen des gegenwärtigen Sachverhalts in Form der 1. Ordnung ist überhaupt erst ein 'vorher' und 'hinterher' möglich, da dieses an der Gegenwart gemessen wird. Oder, anders ausgedrückt: Nur an der Gegenwart als Horizont des Erscheinens, das Vergangenheit und Zukunft spaltet, kann man überhaupt messen, was früher und was später, was vorher und hinterher ist, wobei die Gegenwart selbst weder Element der 1. noch der 2. Ordnung ist[97] und dadurch gewissermaßen außer- oder oberhalb der 'doppelten Ordnung' steht.

Herms faßt die 'doppelte Ordnung' der 'prozessualen Ordnung' folgendermaßen zusammen:

So ergibt sich aus der Eigenart des Erscheinens für alle seine Inhalte, daß sie
für uns in einer doppelten Ordnung [...] gegenwärtig sind: erstens als – nota
bene: durch und in diesem Erscheinen – stets geschieden in die verwirklichten
und noch zu verwirklichenden Möglichkeiten und zweitens in die zuerst und die
danach verwirklichten Möglichkeiten [...]. Die 1. Ordnung ist manifest in der
sich an jeder Gegenwart manifestierenden Differenz zwischen Vergangenem und
Zukünftigem, und die 2. Ordnung (früher/später) steckt selbst in der ersten.[98]

Beide Ordnungen vermitteln uns daher als Gesamtbild der 'prozessualen Ordnung' den prozessualen Charakter des (Mögliches und Verwirklichtes) differenzierenden Erscheinens von selektiertem Erscheinenden und damit das Gefühl von ablaufender Zeit.

Herms kommt somit zu dem Schluß: "Für uns also konstituiert das Erscheinen Zeit."[99]

Daraus ergibt sich für ihn nun aber gleich die nächste Frage, nämlich *was* wiederum für das Wesen des Erscheinens selbst bestimmend sei. Man könnte laut Herms vermuten, daß die Zeit selbst konstitutiv für das Erscheinen sei, was allerdings zu einem Zirkel führen würde, in dem das Erscheinen die Zeit, diese wiederum das Erscheinen wesentlich bestimmt. Zeit wäre dann, so Herms, "irreduzibel" und "realitätskonstitu-

---

[97] Vgl. Herms, E., *Meine Zeit in Gottes Händen*, S. 76, Fußn. 23
[98] A.a.O., S. 75/76
[99] Ebd.

ierend"[100], wobei der Zirkel sich zumindest dahingehend etwas lösen ließe, daß ursprünglich und zuerst die Zeit das Erscheinen konstituiert, und erst daraufhin dann in abgeleiteter Form das Erscheinen wiederum die Zeit. Dies bezeichnet Herms indes als rätselhaft, und um dieses Rätsel zu lösen, folgt nun eine genauere Untersuchung des Erscheinens des Erscheinenden 2. Ordnung.

8.1.10 Analyse des Erscheinens des Erscheinenden

Zu Beginn dieser Analyse definiert Herms das Erscheinen des Erscheinenden 2. Ordnung nochmals etwas genauer als das "Erscheinen von dem Erscheinen-von-Besonderem-für-uns-als-durch-uns-zu-bestimmendem-und-zu-erkennendem für uns als durch uns zu bestimmendem und zu erkennendem Sachverhalt"[101].

An dieser Stelle sei nochmals an Herms' Differenzierung des "Themasachverhalts"[102] und Ausdrucks 'Erscheinen' der 2. Klasse erinnert (vgl. 8.1.4): Dieser bezeichnet zum einen das Erscheinen des Erscheinenden (1. Ordnung), zum anderen das Erscheinen des Erscheinens (des Erscheinenden 2. Ordnung) selbst.

Der Fokus der nun folgenden Analyse des Erscheinens liegt auf der Differenz zwischen dem Erscheinen des *Erscheinenden* und dem Erscheinen des *Erscheinens*, also den beiden Fällen des Erscheinens der 2. Klasse, wie in obigem Schema dargestellt.

Da das Erscheinen des *Erscheinenden* und das Erscheinen des *Erscheinens* beide mit 'Erscheinen' bezeichnet werden, muß dieser Ausdruck 'Erscheinen' beide Male das Gleiche bzw. etwas Gleichartiges beschreiben, um laut Herms keine Äquivokation zu sein. Diese Gleichartigkeit ist zwar gegeben, aber dennoch gibt es auch eine Differenz zwischen den beiden Fällen des Erscheinens, welche Herms die "Variationen von Identischem"[103] nennt und folgendermaßen erklärt:

Identisch bzw. gleichartig ist die Struktur des Erscheinens der beiden Erscheinungsformen, denn "beidemale geht es um das Erscheinen von in sich selbst bestimmten Sachverhalten"[104]. Die Variation des Identischen besteht im Erscheinenden, auf das sich das Erscheinen jeweils bezieht, bzw. das das Ergebnis des Erscheinens ist: Im 1. Fall ist das Erscheinende, das durch das Erscheinen erscheint, eben das Erscheinende, d.h. der für uns erscheinende Sachverhalt selbst; im 2. Fall ist das durch das Erschei-

---

[100] Vgl. Herms, E., *Meine Zeit in Gottes Händen*, S.76
[101] A.a.O., S. 76/77
[102] A.a.O., S. 77
[103] Ebd.
[104] Ebd.

nen Erscheinende wiederum nichts anderes als eben dieses Erscheinen, d.h. der Prozeß des Erscheinens.

Der Unterschied zwischen diesen beiden Erscheinungsformen des Erscheinens liegt, so Herms, in der Differenz des Erscheinenden, das uns durch das Erscheinen erscheint, welche "die Differenz zwischen Erscheinendem mit völlig verschiedener Seinsart"[105] ist: Im 1. Fall hat das Erscheinende die Seinsart von besonderen Sachverhalten, im 2. Fall "die Seinsart des Erscheinens dieser besonderen Sachverhalte"[106]. Daraus folgt, daß der 1. Fall, das Erscheinen des (besonderen) Erscheinenden, die Seinsart des Erscheinenden selbst hat und somit – wie logischerweise zu erwarten war – auf die 1. Klasse von Sachverhalten, auf das Erscheinende bzw. die Sachverhalte selbst, zurückverweist. Im 2. Fall ist der 'Gegenstand' des Erscheinens, d.h. das Erscheinende bzw. das Resultat des Erscheinens, genau das Erscheinen selbst, welches nach Herms die Seinsart eines transzendentalen Sachverhalts hat.

Aus dieser Variation bzw. Unterscheidung zwischen den beiden Seinsarten des Erscheinenden ergibt sich nun für Herms die logische Schlußfolgerung, daß diese Variation nicht nur in den Inhalten des Erscheinens (d.h. in dem Erscheinenden) liegen kann, sondern auch die verschiedenen Möglichkeitsbedingungen für das Erscheinen im 1. und 2. Fall des Erscheinens betrifft. Und da das Erscheinen in beiden Fällen wesentlich durch die 'doppelte Selektivität' mitbestimmt wird, bezieht sich die Variation bzw. Differenz zwischen den beiden Fällen des Erscheinens auch auf diese 'doppelte Selektivität'.

Im folgenden werden nun die verschiedenen Möglichkeitsbedingungen sowie die in beiden Fällen des Erscheinens variierte 'doppelte Selektivität' näher untersucht.

8.1.10.1 *Möglichkeitsbedingungen für die beiden Fälle des Erscheinens*

Herms weist vor der näheren Untersuchung der Möglichkeitsbedingungen für das Erscheinen nochmals ausdrücklich darauf hin, daß sich die Frage nach diesen Bedingungen nicht auf die Möglichkeit der Prädizierbarkeit, also der Bestimmbarkeit und Erkennbarkeit, eines Sachverhalts bezieht – genausowenig wie auf das Erscheinen des Erscheinenden 1. oder 2. Ordnung –, sondern direkt auf die Bedingungen für die Möglichkeit des Erscheinens selbst. Diese Bedingungen betreffen sowohl die Möglichkeit des Erscheinens des Erscheinenden 1. Ordnung als auch die Möglichkeit des Erscheinens des Erscheinenden 2. Ordnung, also des Erscheinens selbst, welche nun beide näher erläutert werden.

---

[105] Herms, E., *Meine Zeit in Gottes Händen*, S.77

8.1.10.1.1 Möglichkeitsbedingung das Erscheinen des Erscheinenden

Laut Herms ist die notwendige Bedingung für das Erscheinen des Erscheinenden 1. Ordnung, also für das Erscheinen des (besonderen) Erscheinenden für uns, um durch uns erkannt und bestimmt zu werden, "das Existieren von unseresgleichen"[107]. Denn logischerweise kann uns nur, wenn wir existieren, auch etwas erscheinen, das wir dann erkennen und bestimmen.

Ganz anders verhält es sich mit der Möglichkeitsbedingung für das Erscheinen des Erscheinenden 2. Ordnung.

8.1.10.1.2 Erste Möglichkeitsbedingung das Erscheinen des Erscheinens

Für das Erscheinen des Erscheinens selbst, d.h. für das Erscheinen des Erscheinenden 2. Ordnung, ist nach Herms unsere Existenz keine notwendige Bedingung. Der Grund hierfür liegt in der 'doppelten Selektivität', die allem Erscheinen anhaftet und daher nun nochmals unter dem Aspekt der Möglichkeitsbedingungen des Erscheinens näher betrachtet werden muß.

Exkurs: Zusammenhang zwischen 'doppelter Selektivität' und Erscheinen des _Erscheinens_

Wie bereits bei der Darstellung der 'doppelten Selektivität' erörtert (8.1.4), führt das Erscheinen eines Sachverhalts in der realisierenden (2. Wahl) der 'doppelten Selektivität' grundsätzlich dazu, daß dieser (uns) erscheinende Sachverhalt aus dem Horizont des Möglichkeitsraumes zu einem bestimmten realen Fall unserer Wirklichkeit wird, wie Herms kurz zusammenfaßt:

Dieses Erscheinen [...] präsentiert das darin Erscheinende immer als bestimmten realen Fall (oder als bestimmte reale Fallmenge) im Horizont des Möglichkeitsraums aller gleichartigen Fälle.[108]

Diese realisierende Wahl der 'doppelten Selektivität' findet selbstverständlich auch beim Erscheinen des Erscheinens statt, indem das Erscheinen aus dem Inbegriff aller möglichen gleichartigen Fälle des Erscheinens für "eine zu seiner Erkenntnis und Be-

---

[106] Herms, E., *Meine Zeit in Gottes Händen*, S.77
[107] Ebd.
[108] A.a.O., S. 78

stimmung fähigen Instanz"[109] erscheint. Allerdings ist in diesem Fall die gewählte und verwirklichte Möglichkeit, also der bestimmte Realfall, aus dem Horizont aller möglichen gleichartigen Fälle kein besonderer Sachverhalt, wie es beim Erscheinen von Erscheinendem 1. Ordnung der Fall ist, sondern eben das Erscheinen als solches, welches dennoch aufgrund seines Erscheinens eine bestimmte selektierte Realität – und nicht mehr nur Möglichkeitsraum – ist. Die bestimmte Realität dieses Erscheinens[110] liegt laut Herms darin, daß es eben nicht mehr nur das diffuse Erscheinen von unbestimmtem, beliebigem, als bloße Möglichkeit Erscheinendem ist, sondern daß es "stets genau das Erscheinen von bestimmtem Erscheinenden"[111] ist. Das heißt, daß der Sachverhalt, der erscheint, ein bestimmter ist – selbst wenn er nichts anderes ist als eben das Erscheinen selbst – wodurch dann auch dieses Erscheinen ein bestimmtes Erscheinen ist.

Zu beachten ist hierbei, daß das aus dem Horizont aller Möglichkeiten selektierte und durch das Erscheinen realisierte Erscheinende ständig und ursprünglich für irgendwelche möglichen Instanzen erscheint. Herms erklärt dies folgendermaßen:

> *Die formale Struktur [...], die allen erscheinenden Einzelsachverhalten kraft ihres Erscheinens ursprünglich und dauernd eignet, besteht darin, daß es stets, ursprünglich und dauernd ist: Erscheinendes-für-*irgendwelche-möglichen-Instanzen-unseresgleichen-als-durch-derartige-Instanzen-zu-erkennendes-und-zu-bestimmendes.[112]

Diese Feststellung zielt darauf hin, deutlich zu machen, daß diese 'irgendwelche möglichen Instanzen' zwar wir (Menschen) sein *können*, aber nicht notwendigerweise sein *müssen*. Der ursprüngliche Charakter des – durch sein Erscheinen und durch die realisierende Wahl aus allen Möglichkeiten selektierte – Erscheinenden beinhaltet also nur die *Möglichkeit*, nicht aber die tatsächliche *Wirklichkeit*, daß es Erscheinendes für uns (Menschen) ist.

Aus dieser wichtigen Beobachtung deduziert Herms nun schrittweise die eigentliche Möglichkeitsbedingung für das Erscheinen des *Erscheinens*.

---

[109] Herms, E., *Meine Zeit in Gottes Händen*, S.78
[110] Herms nennt diese bestimmte, selektierte und verwirklichte Realität einer Möglichkeit bzw. eines Sachverhalts, die im Kontrast zum bloßen Möglichkeitsraum steht, "selektive Bestimmtheit". (Vgl. Herms, E., *Meine Zeit in Gottes Händen*, S. 78)
[111] Ebd.
[112] A.a.O., S. 79

8.1.10.1.3 Zweite Möglichkeitsbedingung für das Erscheinen des Erscheinens

Durch obige Darstellung der Auswirkung der 'doppelten Selektivität' auf das Erscheinen des Erscheinens müßte Herms' Behauptung, daß unsere Existenz keine notwendige Bedingung für das Erscheinen des Erscheinens ist, verständlich geworden sein. Allerdings ist in diesem Falle, daß "keine Instanz unseresgleichen existiert"[113], selbstverständlich auch kein Erscheinen des Erscheinens (des Erscheinenden) für uns möglich, so daß es dann ein Erscheinen für mögliche, aber nicht reale Instanzen unseresgleichen ist. Dennoch muß es logischerweise *irgendeine* Instanz geben, der das Erscheinen des Erscheinens (des Erscheinenden) erscheint, selbst wenn es nicht uns erscheint; denn wenn es gar niemandem erschiene, wäre es kein Erscheinen mehr und die gesamte Argumentation fiele in sich zusammen. Deshalb betont Herms, daß "*eine* Instanz da ist, für die dieses Erscheinende zweiter Ordnung erscheint als bestimmter Realfall des durch sie zu bestimmenden und zu erkennenden, aber – *diese Instanz ist ursprünglich nicht unseresgleichen.*"[114]

Diese Feststellung führt nun allerdings zu der Frage, wer oder was 'diese Instanz' ist, der das Erscheinende erscheint, wenn es nicht uns erscheint. Herms tastet sich an die Antwort heran, indem er den Unterschied zwischen uns und 'dieser Instanz' verdeutlicht: Da für 'diese Instanz' das Erscheinen des Erscheinens selbst dann noch möglich ist, wenn es uns nicht gibt und es daher für uns auch nicht möglich ist, muß 'diese Instanz' uns in gewisser Weise überlegen sein, sie muß etwas Größeres und Höheres sein als wir. Aus dieser Erkenntnis leitet Herms ab, daß diese höhere und größere Instanz "in Anlehnung an den christlichen Sprachgebrauch"[115] *Gott* sein muß.

Daraus ergibt sich nun auch die eigentliche Möglichkeitsbedingung für das Erscheinen des Erscheinens: Gott selbst als höhere, uns überlegene Instanz und sein Dasein ist die eigentliche und tiefste Möglichkeitsbedingung für das Erscheinen des Erscheinens des Erscheinenden.

Nach dieser komplexen Analyse des Erscheinens und der daraus resultierenden tiefgreifenden Feststellung der Notwendigkeit der Existenz Gottes als Möglichkeitsbedingung für sämtliches Erscheinen schließt Herms nun den im folgenden dargestellten Bogen zurück zur Frage nach der Zeit.

---

[113] Herms, E., *Meine Zeit in Gottes Händen,* S. 79
[114] Ebd.

8.1.10.2 Die Möglichkeitsbedingung für die Zeit

Aufgrund der vorherigen Feststellung (8.1.3), daß Zeit als transzendenter Sachverhalt in die 2. Klasse von Sachverhalten gehört und "nichts anderes meinen kann als dieses Erscheinen des Erscheinenden 2. Ordnung"[116], und da, wie eben dargestellt (8.1.9.3), für dieses Erscheinen des Erscheinenden 2. Ordnung Gottes Existenz die notwendige Bedingung ist, läßt sich als unabdingbare Möglichkeitsbedingung für Zeit ableiten, daß "*die notwendige Bedingung von Zeit das Dasein Gottes [ist]*"[117].

8.1.11 Verhältnis des Erscheinens des Erscheinenden 2. Ordnung für Gott und für uns

Aus all dem bisher Gesagten ergibt sich nun für Herms, daß das Erscheinen des *Erscheinens* und somit auch die Zeit ursprünglich und notwendig nicht als Erscheinen für uns, sondern als Erscheinen für Gott konstituiert ist. Überdies kann es, so Herms, nur aufgrund des Erscheinens des Erscheinenden 2. Ordnung, "das das ursprüngliche Wesen von Zeit ausmacht"[118], zum Erscheinen für uns kommen; d.h., nur wenn und dadurch daß Zeit für Gott erscheint, kann sie dann auch uns erscheinen. Dieses Erscheinen für uns ist jedoch nicht zwingendermaßen, nicht immer und unbedingt die Folge des Erscheinens für Gott, sondern es "bleibt immer zufällig"[119], wie Herms betont.

Gleichzeitig steht das Erscheinen des Erscheinenden 2. Ordnung für Gott in einem bestimmten Verhältnis zu dem manchmal, aber nicht notwendigerweise daraus folgenden Erscheinen für uns: dieses Verhältnis der beiden Fälle des Erscheinens für Gott und für uns stellt Herms folgendermaßen dar[120]:

Der erste Fall ist:
– *Das Erscheinen* von *dem*
   Erscheinen-von-Besonderem-
     für-mögliche-Instanzen-unseresgleichen-
     als-durch-diese-zu-bestimmendem-und-zu-erkennendem
   für *Gott*
   als *durch ihn zu bestimmendes und zu erkennendes.*

---

[115] Herms, E., *Meine Zeit in Gottes Händen*, S. 80
[116] Ebd.
[117] Ebd. (Kursivdruck von mir)
[118] Ebd.
[119] Ebd.

Der zweite Fall ist:
- *Das Erscheinen* von *dem*
   Erscheinen-von-Besonderem-
   für-mögliche-und-wirkliche-Instanzen-unseresgleichen-
   als-durch-sie-zu-bestimmendem-und-zu-erkennenem
   für **unseresgleichen**
   als *durch unseresgleichen erkenn- und bestimmbar.*

Diese Darstellung von Herms zeigt, daß das Erscheinen für Gott Vorbedingung für das Erscheinen für uns ist und diesem vorangeht.

Herms beschreibt den 1. Fall obiger Darstellung als Möglichkeitsraum, aus dem der 2. Fall, der sich im ersten bewegt, selektiert wird. Sowohl der Urheber dieser doppelten Selektion als auch der in ihr agierende Selektor ist Gott, was Herms folgendermaßen erklärt: Gott erscheint – im Sinne der 1. Wahl der 'doppelten Selektivität' – der durch ihn selbst gesetzte Möglichkeitsraum, aus dem er eine konkrete Möglichkeit, einen ihm am Horizont aller möglichen Fälle erscheinenden bestimmten Realfall, – im Sinne der 2. Wahl der 'doppelten Selektivität' – auswählt und uns diesen wiederum am Horizont aller möglichen gleichartigen Fälle erscheinen läßt.

Diese Beobachtung führt nun zum eigentlichen Wesen der Zeit.

8.1.12 Das Wesen unserer Zeit

Parallel zu dieser von Gott geschaffenen und durchgeführten 'doppelten Selektivität' kann man nun auch das Erscheinen der Zeit betrachten: Gott selektiert aus *seiner* Zeit, d.h. aus dem Erscheinen des Erscheinens für Gott, *unsere* Zeit, d.h. das Erscheinen des Erscheinens für uns. Das Wesen unserer Zeit ist demnach das eines von Gott gewählten Selektats aus Gottes Zeit. Des weiteren ist unsere Zeit, wie bereits erwähnt, als Erscheinen des Erscheinenden 2. Ordnung in Form des uns erscheinenden gegenwärtigen Augenblicks wesentlich auch das Differenz stiftende Moment zwischen bestimmtem Realfall und Inbegriff aller Möglichkeiten einerseits sowie zwischen vergangenen, nicht mehr realisierbaren und zukünftigen, noch nicht realisierten Möglichkeiten andererseits. Das bedeutet, daß die 'doppelte Selektivität' – als die Differenz begründende Wahl zwischen Inbegriff aller Möglichkeiten und Realfall einer bestimmten Möglichkeit – und die 'doppelte prozessuale Ordnung' – als die Differenz

---

[120] Herms, E., *Meine Zeit in Gottes Händen*, S. 81

begründender Schritt von noch nicht Realisiertem (Zukunft) und nicht mehr Realisierbarem (Vergangenheit) – in der Selektivität unserer Zeit begründet sind und von dieser her bestimmt werden.

Das Wesen unserer Zeit zusammenfassend betont Herms, daß der Horizont unserer Zeit "konstituiert [ist] durch die Selektion Gottes, durch die er uns einen bestimmten und begrenzten Anteil an seinen Möglichkeiten gibt"[121], indem er uns seine selektierte Möglichkeit bzw. unsere Zeit aus seiner Zeit erscheinen und zukommen läßt.

Allerdings existiert die in der 'doppelten prozessualen Ordnung' errichtete Differenz zwischen noch nicht realisierten und nicht mehr realisierbaren Möglichkeiten nur für uns, d.h. sie ist nur eine scheinbare Differenz, die sich aus unserer (menschlichen) Perspektive ergibt. Für uns scheinen sowohl zukünftige als auch vergangene Möglichkeiten noch nicht bzw. nicht mehr zu existieren, nicht (gegenwärtig) da zu sein.

Sowohl Zukunft als auch Vergangenheit wirken auf uns also so, als gäbe es sie nicht wirklich, und ihre Differenz ist für uns "die Differenz zwischen zwei Weisen des Nichtseins (eigener Wahlmöglichkeiten)"[122]. Da unser Sein uns jedoch von Gott gegeben und daher "nicht eigenes, sondern zugeeignetes Sein"[123] ist, und da unsere Gegenwart samt ihren uns zugeteilten Möglichkeiten ein Selektat aus Gottes Zeit ist, ist die scheinbare Differenz zwischen zwei Weisen des Nichtseins eigener Wahlmöglichkeiten in der Vergangenheit und Zukunft für uns in Wirklichkeit die Differenz zwischen zwei Weisen des Seins bei Gott. Denn bei Gott ist diese Differenz im Grunde lediglich die Unterscheidung von Bestimmbarem, das 'noch' in seiner Zeit, aber 'noch nicht' in unserer Zeit existiert (Zukunft) und Bestimmbarem, das 'schon wieder' in Gottes und 'nicht mehr' in unserer Zeit existiert (Vergangenheit).

Somit ist unsere Zeit laut Herms letztlich nichts anderes, als der uns ständig neu von Gott zugeteilte, durch das Erscheinen des Erscheinens gegenwärtige Augenblick, der eingefaßt ist in die bei Gott gegenwärtigen, für uns aber in Vergangenheit und Zukunft (durch die Gegenwart) gespaltenen Möglichkeiten, die für uns nicht mehr wählbar oder noch nicht gewählt sind.

8.1.13 Zusammenfassung des ersten Teils: 'Zeit'

Herms faßt am Ende des ersten Teils seines Essays *"Meine Zeit in Gottes Händen"* das Wesen der Zeit zusammen als prädikablen Sachverhalt, der das Erscheinen des Erscheinens (des Erscheinenden 2. Ordnung) ist. Die Möglichkeitsbedingung für die-

---

[121] Herms, E., *Meine Zeit in Gottes Händen,* S. 81
[122] Ebd. (Klammer von mir)

ses Erscheinen ist nicht unsere Existenz, sondern das Dasein Gottes, weshalb Zeit "ursprünglich und darum auch notwendig Zeit Gottes"[124] ist und nur als Folge darauf auch 'meine' Zeit werden kann, die Gott dem Menschen zuteilt. Damit ist Gott der "Urheber unseres Erleidens der Gegenwart"[125] der uns von Gott zugeteilten Zeit; mit dieser uns zugeteilten Zeit, *'meiner Zeit'*, befaßt sich der nun folgende Teil, der danach fragt, *wie* Zeit 'meine' Zeit ist und wie wir sie 'erleiden'.

8.2 *MEINE* ZEIT

Herms unterteilt den zweiten Teil seines Essays *"Meine Zeit in Gottes Händen"* in drei Abschnitte entsprechend der Art und Weise, *wie* Zeit sich jeweils als *'meine* Zeit' manifestiert, nämlich

(1) als *mich* bestimmende Zeit,

(2) als *durch mich* bestimmte Zeit,

(3) als *für mich* bestimmte Zeit.

Diese drei Abschnitte werden im folgenden schrittweise entfaltet.

8.2.1 *'Meine Zeit' als* mich *bestimmende Zeit*

Herms versteht unter *'mich* bestimmender Zeit' die "Zeit des Werdens meiner selbst"[126], d.h. die Zeit meiner (physischen und geistigen) Entwicklung zu der Person, die ich bin, wobei diese Entwicklung ein ganzes Leben lang fortdauert. Herms erklärt mit der "universalen Ich-Sprache des Psalmisten"[127], die aufgrund ihrer Formulierung in der 1. Pers. Sg. jeden persönlich anspricht und dennoch jeden Menschen meint:

Diese Zeit ist Zeit, die je mich bestimmt; je mich zum endlichen Selbst werden läßt und als endliches Selbst dasein und leben läßt.[128]

8.2.1.1 *Gott als Urheber der* mich *bestimmenden Zeit*

Als Begründung für diese Sichtweise der Zeit als 'Zeit meines Werdens' gibt Herms die Tatsache an, daß die mich bestimmende Zeit im Grunde Gottes Zeit ist, die er mir jeweils als Erscheinen des *Erscheinens* (des Erscheinenden 2. Ordnung) zuteilt. Mei-

---

[123] Herms, E., *Meine Zeit in Gottes Händen*, S.81
[124] A.a.O., S. 82
[125] Herms, E., Aussage bei einem Gespräch am 23.2.2000 in Tübingen
[126] Herms, E., *Meine Zeit in Gottes Händen*, S. 83
[127] Ebd.

ne Existenz und meine Zeit als von Gott geschenkte 'Zeit meines Werdens' sind dabei, wie bereits im ersten Teil dieses Essays dargestellt, abhängig von Gottes (unendlicher) Existenz und seiner kreatorischen Selektivität, durch die er mir meine endliche Zeit zuteilt, mich damit zu einer endlichen Person macht und dadurch dazu bestimmt, in der mich bestimmenden Zeit als endliche Person zu leben, zu handeln, zu wählen und zu entscheiden. Dies zeigt, daß 'meine Zeit' letztlich durch Gottes Sein und Handeln zur *'mich* bestimmenden Zeit' wird.

Dieses selektierende und mich bestimmende Handeln Gottes ergibt sich daraus, daß Gott selbst das Erscheinen und damit die Zeit erscheint; allerdings ist Gott bei diesem Akt des Erscheinens nicht passiv Erleidender wie wir Menschen, sondern selbst wiederum der Agierende, der das Erscheinen hervorruft und dann uns Menschen als Erscheinen und als unsere Zeit aus seiner Zeit zuteilt. Herms drückt dies so aus, daß sich mein Bestimmtwerden aus Gottes selektivem Erkennen und Bestimmen ergibt, durch welches Gott sich zu dem Erscheinen des Erscheinenden für uns Menschen verhält, "was – nota bene: durch ihn – in seiner Zeit für ihn als durch ihn bestimm- und erkennbar da ist"[129].

Dieses Handeln Gottes in Form von Schaffen, Erkennen, Selektieren, Bestimmen und (uns Menschen) Zuteilen des Erscheinens wird nun näher untersucht.

8.2.1.2 Zwei Bestimmungsbereiche von Gottes Handeln

Da das Erscheinen für Gott durch ihn selbst in seiner Zeit laut Herms im Grunde genommen ein zweigeteiltes ist[130], betrifft Gottes bestimmendes Handeln folglich zwei unterschiedliche, jedoch systematisch zusammenhängende Bestimmungsbereiche:

8.2.1.2.1 Erster Bereich: Mögliches *Erscheinen des Erscheinenden 2. Ordnung*

Herms geht davon aus, daß bereits das Erscheinen des *Erscheinens* (des Erscheinenden 2. Ordnung) für Gott selbst durch seine eigene Selektion aus seinem eigenen gesamten Möglichkeitsraum *erscheint*; d.h., daß das Erscheinen für Gott durch ihn selbst für ihn als ein prädikabler Sachverhalt erscheint, den er dann u.U. uns erschei-

---

[128] Herms, E., *Meine Zeit in Gottes Händen*, S.83
[129] Ebd.
[130] nämlich einerseits das Erscheinen des *Erscheinenden* 1. Ordnung und andererseits das Erscheinen des *Erscheinens* des Erscheinenden 2. Ordnung.

nen läßt, auf den sich also "sein bestimmendes Tun richtet"[131]. Dies bedeutet, daß das Erscheinen des *Erscheinens* nicht Ursprung allen Erscheinens für Gott und für uns ist, sondern daß es bereits wiederum von Gott geschaffenes und selektiertes Erscheinen aus allen "in ihm selbst bestehenden Möglichkeiten"[132] ist, welches Gott erst daraufhin endlichen Personen erscheinen läßt. Somit erscheint dieses Erscheinen aufgrund von Gottes Selektion vor der Existenz des Menschen zunächst nur für Gott in seiner Zeit, bevor es dem endlichen Menschen in dessen Zeit wiederum durch Gottes Selektion erscheinen kann, und zwar in der Form und Bestimmtheit, die Gott diesem Erscheinenden gibt.

Diese Selektion einer bestimmten Möglichkeit, eines bestimmten Erscheinens, durch Gott kann auch das zuvor schon von Gott gewählte Erscheinen des Daseins und damit das Werden einer endlichen Person sein. Gott selbst läßt also einem Menschen sich selbst als 'zu bestimmender Sachverhalt' erscheinen, nachdem dieser 'Sachverhalt Mensch' "bis dahin für [...] Gott [selbst] als durch ihn zu bestimmend [...]"[133] erschien; erst durch dieses Erscheinen für Gott und dann für den Menschen wird das Dasein des Menschen konstituiert, weshalb dem Menschen seine Zeit auch als 'ihn bestimmende', ihm von Gott zugeteilte Zeit erscheint.

Herms betont allerdings, daß "auch ohne die Realisierung dieser Möglichkeit", also auch ohne daß Gott den Menschen sich selbst erscheinen läßt, diese von Gott gewählte Möglichkeit des Erscheinens des Werdens einer endlichen Person Gott selbst erscheint und er diesem Erscheinen "eine eigene bestimmte Form"[134] gibt. Dieses Erscheinen des Erscheinens des Daseins eines Menschen für Gott, aber (noch) nicht für den Menschen selbst, ist in diesem Falle das "Erscheinen von Besonderem für *mögliche* endliche Personen", aber eben "noch nicht für *wirkliche*"[135].

Der Schritt vom Erscheinen des Erscheinens des menschlichen Daseins *für Gott* zum Erscheinen *für den Menschen* selbst betrifft nun den zweiten Bereich von Gottes Handeln.

---

[131] Herms, E., *Meine Zeit in Gottes Händen*, S. 83
[132] Ebd.
[133] A.a.O., S. 84
[134] Ebd.
[135] Ebd.

8.2.1.2.2 *Zweiter Bereich:* Realisierung *des Erscheinens des Erscheinenden 2. Ord-nung für den Menschen*

In den zweiten Bereich von Gottes selektivem Handeln fällt das tatsächliche, von Gott zugeteilte Erscheinen des Daseins endlicher Personen für eben diese endlichen Personen, nachdem es zuvor nur Gott erschien. Das Erscheinende (nämlich das Mensch-Sein) erscheint in diesem Falle also paradoxerweise dem Erscheinenden (dem Menschen) selbst, und zwar nicht mehr nur als *mögliches*, sondern als *tatsächliches* von Gott selektiertes und dem Menschen zugeteiltes Erscheinen, wie Herms erklärt:

> *Kraft dieser Wahl erscheint dann für ihn [Gott] nicht mehr bloß das Erscheinen von Besonderem für mögliche endliche Personen als durch ihn bestimmbar, sondern auch das Erscheinen von Besonderem für wirkliche endliche Personen.*[136]

Somit ist das Erscheinen des menschlichen Daseins für den Menschen durch Gottes Handeln von einer bloßen Möglichkeit zur Realität geworden, wodurch der Mensch laut Herms zur endlichen Person wird.

Der Mensch ist insofern sowohl Erscheinendes, also Resultat des Erscheinens, das zunächst nur Gott in seiner Zeit erscheint, als auch 'Beobachter' des Erscheinens-Prozesses, und schließlich auch 'Erleidender', dem sein eigenes Dasein als endliche Person erscheint, wie Gott es selektiert und bestimmt hat. Herms sieht 'die endliche Person' daher als "eingebettet in den Zusammenhang der schon – vor ihrer Zeit, in der Zeit Gottes – für sie bestimmten Weisen des Erscheinens von Einzelnem"[137]. Der Mensch kann folglich gar nicht anders, als in diesem von Gott gewirkten Zusammenhang als Resultat, Beobachter und Erleidender des Erscheinens zu stehen, diesen zu erleben und darin zu handeln.

Doch nicht nur die *Endlichkeit* seines Daseins, sondern auch die *Art und Weise* des Erscheinens seines Daseins ist dem Menschen eben durch dieses bei Gott zuvor erschienene und von Gott selektierte Erscheinen vorgegeben. Beispielsweise ist der Mensch nicht nur an die Zeit und an seine Endlichkeit gebunden, sondern auch an seinen Körper, an die Naturgesetze, an seine Lebenswelt als dreidimensionalen Raum, usw.; Herms nennt diese dem Menschen vorgegebenen Weisen seines Erscheinens seine "eigene Organisation" bzw. die "Daseinsweise [...] [seiner] eigenen Leibhaftigkeit"[138].

---

[136] Herms, E., *Meine Zeit in Gottes Händen*, S. 84
[137] Ebd.
[138] Ebd.

Das Personsein des Menschen ist nach Herms also konstituiert durch das Erscheinen des *Erscheinens* – und damit durch das Erscheinen seines Daseins und seiner Zeit –, das nun nicht mehr nur Gott, sondern auch dem Menschen selbst erscheint.

8.2.1.3 Zeit Gottes und Zeit des Menschen

Herms schlußfolgert aus der Notwendigkeit des Erscheinens des menschlichen Daseins für Gott, bevor es dem Menschen selbst erscheinen kann, daß auch die Zeit uns Menschen auf diese Art und Weise erscheint, nämlich zuerst Gott und dann den Menschen. Herms weist dabei auf ein sehr wichtiges Wesensmerkmal unserer Zeit hin:

*Auch sie [die Menschen] existieren also in der Zeit, die **ihrem Wesen nach (ursprünglich und dauernd) Zeit Gottes ist**.*[139]

Allerdings ist ein bedeutender Unterschied zwischen Gottes und unserer Zeit der, daß Gott "seine Zeit durch sich selbst für sich sein läßt"[140], während unsere Zeit durch Gottes Zeit bestimmt ist. Gott existiert durch sich selbst und in seiner Zeit, während wir durch Gott und in Gottes Zeit existieren. Daraus leitet Herms wiederum ab, daß das Erscheinen des *Erscheinens* – des Daseins, der Zeit usw. – für Gott nur dann und nur so erscheint, wann und wie er es will, wohingegen der Mensch das Erscheinen des *Erscheinens* nur erleiden kann und muß, wodurch er zur endlichen Person bestimmt wird. Herms schreibt:

Für Gott erscheint das Erscheinen-von-Besonderem-[...] als allein durch ihn selbst bestimmt und bestimmbar. Demgegenüber erscheint für die endliche Personen das Erscheinen-von-Besonderem-[...] so, daß sie dieses Erscheinen des Erscheinenden zweiten Grades für sie selbst nur erleiden können und erleiden müssen – erleiden als das Konstituiertwerden ihrer selbst als endlicher Personen.[141]

Man könnte die Zeit Gottes im Gegensatz zur Zeit des Menschen tabellarisch aufgrund von Herms' Erklärungen folgendermaßen zusammenfassen:

---

[139] Herms, E., *Meine Zeit in Gottes Händen*, S. 85
[140] Ebd. (Unterstreichung von mir)
[141] Ebd.

GOTT	MENSCH
• existiert durch sich selbst	• existiert durch Gott
• existiert in seiner Zeit	• existiert in Gottes Zeit

• läßt seine Zeit
  - durch sich selbst
  - für sich selbst   sein
	• seine Zeit ist ihrem Wesen nach Gottes Zeit

• bestimmt das *Erscheinen* (des Erscheinens, der Zeit, des Daseins)	• seine Zeit ist bestimmt durch Gottes Zeit
• steht 'über' oder 'außerhalb' der Zeit	• erleidet das *Erscheinen* (des Erscheinens, der Zeit, des Daseins)
• ist 'unendlich'	• steht in der Zeit
	• erleidet "das Konstituiertwerden (...) als endliche Person"[142]

8.2.1.4 Menschliches Selbsterleben

Herms stellt fest, daß sich der Mensch grundsätzlich als Person erlebt, die das Erscheinen ihrer selbst, das Erscheinen ihrer Zeit und damit ihre Endlichkeit erleidet. Unter 'Selbsterleben' versteht Herms das Bewußtwerden oder Bewußtsein eines Menschen über seine Situation als (passiv) 'Erleidender' seiner Endlichkeit, seiner Zeit, seines Daseins, letztlich als 'Erleidender' des Erscheinens des *Erscheinens* insgesamt. In diesem Erscheinen erleidet der Mensch laut Herms die Zeit Gottes als Zeit, die ihn "zum endlichen Selbst, zur endlichen Person" bestimmt und dadurch durch ihr eigenes Erscheinen "kraft ihres eigenen Resultates"[143] zur erlebten Zeit des Menschen wird.

8.2.1.5 Zusammenfassung des Gedankens der 'mich bestimmenden Zeit'

Herms leitet seine Zusammenfassung des Abschnitts über die 'mich bestimmende Zeit' ein mit dem fast poetischen Satz:

Die Zeit Gottes wird durch ihn selbst zur Zeit endlicher Personen gemacht.[144]

Damit drückt er nochmals aus, daß und wie sehr unsere menschliche Zeit von Gottes Zeit abhängig ist, da er uns unsere Zeit aus seiner Zeit zuteilt. In dieser Zeit Gottes,

---

[142] Herms, E., *Meine Zeit in Gottes Händen,* S. 85
[143] Ebd.
[144] Ebd.

die dann durch Gottes Zuteilen und ihr Erscheinen zur Zeit des Menschen wird, werden endliche Personen jeweils sie selbst[145]. Daher ist die Zeit für jeden Menschen in seiner Endlichkeit jeweils 'Zeit seines Werdens' und daher für jeden einzelnen Menschen '*meine* Zeit'. Damit ist, so Herms, die '*mich* bestimmende Zeit' Zeit Gottes, "die zugleich die Zeit seiner Welt ist"[146].

Wie sich das 'Werden seiner selbst' in der 'ihn bestimmenden Zeit' jeweils auf den Menschen auswirkt, präsentiert Herms im folgenden Abschnitt.

8.2.2 '*Meine Zeit*' *als* 'durch mich *bestimmte Zeit*'

Das Resultat des menschlichen Erlebens der '*mich* bestimmenden Zeit' als 'Zeit meines Werdens' ist laut Herms logischerweise das "Gewordensein je meiner selbst"[147]. Wegen dieses 'Gewordenseins' als Resultat meines Werdens, d.h. wegen meines Lebens als endliche Person, muß ich nun auch die Zeit, die mit dem Leben als endliche Person auf dieser Erde einhergeht, erleben und am eigenen Körper erfahren. Mehr noch, ich muß die mir zugeteilte Zeit nicht nur erleben, sondern auch 'füllen' und bestimmen, wie Herms erklärt:

> "*Meine Zeit*" *ist als mich bestimmende Zeit auch ipso facto durch mich zu bestimmende, deshalb dann aber auch wiederum unvermeidlich durch mich bestimmte Zeit.*[148]

Daß dem so ist, daß die Zeit als Erscheinen eines Sachverhalts von mir gefüllt und bestimmt werden muß, ist intrinsisch bedingt durch das Wesen des Erscheinens von Sachverhalten allgemein, die grundsätzlich für mich als prädikable Sachverhalte, also als durch mich zu erkennende und zu bestimmende Sachverhalte erscheinen, wie ganz zu Beginn von Herms' Essay (8.1.1) ausgesagt wurde. Also muß ich auch die Zeit als prädikablen, mir erscheinenden Sachverhalt bestimmen. Dieses Bestimmtwerden des Erscheinenden geschieht durch sein Erscheinen für mich, "d.h. kraft und im Lichtes seines durch mich Erlebtwerdens"[149].

---

[145] Vgl. Herms, E., *Meine Zeit in Gottes Händen*, S. 85
[146] A.a.O., S. 86
[147] Ebd.
[148] Ebd.
[149] Ebd.

8.2.2.1 Ambivalenz meines Selbsterlebens

Das Erleben meiner Zeit, also mein Selbsterleben (vgl. 8.2.1.4), ist allerdings laut Herms ambivalent, da das Erleben zwei gegensätzliche Aspekte beinhaltet, nämlich einerseits

a) *Selbstmächtigkeit* und andererseits

b) *Abhängigkeit*.

Die Selbstmächtigkeit erlebt der Mensch eben darin, daß er seine Zeit selbst im Rahmen seiner Möglichkeiten füllen und bestimmen darf, was durch die den Menschen "werdenlassende Zeit konstituiert (geworden) ist"[150]. Gleichzeitig empfindet der Mensch seine Abhängigkeit von der ihn bestimmenden Zeit, die ihm zugeteilt ist und die er in der Rolle des 'Erleidenden' des Erscheinens und seines endlichen Daseins erlebt (vgl. 8.2.1.4).

Diese beiden Aspekte unseres Zeit- und Selbsterlebens sind stark ineinander verwoben und werden von uns oft unbewußt empfunden, ohne als gegensätzliche Emotionen in unserer Selbstwahrnehmung erkannt zu werden, was zu einigen, im folgenden dargestellten Schwierigkeiten führt.

8.2.2.2 Deformation meines Umgangs mit der Zeit

Die durch die beiden gegensätzlichen Aspekte seines Selbsterlebens und seines Erlebens von Zeit hervorgerufenen Empfindungen von Ambivalenz beeinflussen den Umgang des Menschen mit seiner – *durch ihn* zu bestimmenden – Zeit sehr stark. Auch seine Affekte, Hoffnungen, Wünsche und Ängste[151] sowie sein (Selbst-) Erkennen und sein Handeln sind von dieser Ambivalenz bestimmt und darum von Problemen, Mißverständnissen, Unklarheiten und Einseitigkeiten[152] durchdrungen, die sich häufig auch auf die Folgen des Handelns negativ auswirken. Dies bezeichnet Herms als "Deformation"[153], die meine Selbsterkenntnis, d.h. die Erkenntnis meiner Zeit und meines endlichen Seins, meinen Umgang mit meiner Zeit und damit letztlich '*meine* Zeit' als Ganzes betrifft.

Diese Deformation meines Zeiterlebens und meines Umgangs mit meiner *durch mich* bestimmten Zeit kann sogar noch schärfere Züge annehmen, wie Herms im dritten Abschnitt über '*meine* Zeit' als '*für mich* bestimmte Zeit' darstellt.

---

[150] Herms, E., *Meine Zeit in Gottes Händen*, S. 86
[151] Vgl. ebd.
[152] Vgl. ebd.
[153] Ebd.

8.2.3 'Meine *Zeit'* als 'für mich *bestimmte Zeit'*

Laut Herms wächst die *'für mich* bestimmte Zeit' (3) aus der *'durch mich* bestimmten Zeit' (2), die wiederum nur aufgrund der *'mich* bestimmenden Zeit' (1) möglich ist, da ich nur dann meine Zeit bestimmen kann, wenn sie mir durch Gott und von seiner Zeit her erscheint und dadurch das 'Werden meiner Selbst' und damit mein Selbsterleben ermöglicht. Herms faßt dieses Verwobensein der drei Aspekte *'meiner* Zeit' folgendermaßen zusammen:

> [...] die 'durch mich *bestimmte Zeit' [2] [wird von der]* 'mich *bestimmenden Zeit'* *[1] festgehalten, mitgenommen und mir im Selbsterleben als* 'für mich *bestimmte Zeit' [3] präsentiert, samt allen Unklarheiten und Einseitigkeiten der Resultate meines bestimmenden Umgangs mit* 'meiner *Zeit'.*[154]

8.2.3.1 Steigerung der Deformation meines Selbsterlebens

Wie bereits angedeutet, bleibt die Schwierigkeit im Umgang mit meiner – *durch mich* bestimmten – Zeit allerdings nicht bei der aus der Ambivalenz meines Selbsterlebens resultierenden Deformation meines Erkennens und Handelns stehen, sondern diese steigert sich, so Herms, im Kontext der *'für mich* bestimmten Zeit' nochmals. Um diese Steigerung zu veranschaulichen, unterteilt Herms die Deformation meiner Zeit und meines Umgangs mit ihr in die Komplexität meines Zeiterlebens und meine Obsessivität mit diesem Erleben, für die Herms jeweils einen Grund angibt.

---

[154] Herms, E., *Meine Zeit in Gottes Händen,*, S. 87 (Anführungszeichen, Kursivdruck und Zahlen in Klammern von mir)

8.2.3.2 Zwei Gründe für die Steigerung der Deformation meines Selbsterlebens

8.2.3.2.1 Grund für die Steigerung der Komplexität meines Selbsterlebens

Als Grund für die starke Komplexität meines Selbst- und Zeiterlebens nennt Herms die Tatsache, daß 'meine Zeit' einschließlich der 'mich bestimmenden' und im Selbsterleben für mich werdenden Zeit[155] nicht im luftleeren Raum schwebt, sondern letztlich Teil der "weltbestimmenden Zeit"[156] ist. Damit möchte Herms ausdrücken, daß ich als Mensch niemals nur für mich und unabhängig von allen anderen Menschen lebe, sondern daß ich immer durch das Handeln meiner Mitmenschen und deren Umgang mit der Zeit beeinflußt und sogar oft davon bestimmt werde. 'Meine Zeit' ist gleichzeitig auch immer die Zeit des anderen, so daß 'meine Zeit' und 'deine Zeit' stets ineinander verwoben sind und so zu 'unserer Zeit' werden, wie Herms erklärt:

Die je durch mich bestimmte Zeit ist konkret die durch uns bestimmte Zeit.[157]

Darüber hinaus basiert mein Selbsterleben und das Erleben meiner Zeit auf dem Handeln und dem Umgang derer mit ihrer Zeit, die vor mir gelebt und gehandelt haben[158], so daß laut Herms das Resultat "unseres erkennenden und bestimmenden Umgangs mit der uns bestimmenden Zeit [...] soziale Breite und geschichtliche Tiefe (besitzt)"[159]. Durch das Tun meiner Mitmenschen und deren Umgang mit der Zeit wird nicht nur mein Handeln, sondern auch mein Bild, das ich von der Zeit und dem 'normalen' Umgang mit ihr habe, beeinflußt. Gleichzeitig wirkt sich mein Handeln wieder auf das meiner Mitmenschen aus. Somit ist es letztlich die durch uns und für uns bestimmte Zeit, die ich als 'durch mich' und 'für mich' bestimmte Zeit' erlebe.

8.2.3.2.2 Grund für die Steigerung der Obsessivität meines Selbsterlebens

Die Komplexität des kollektiven Bestimmens 'unserer Zeit' führt laut Herms zur gesteigerten Obsessivität in meinem Erleben und meinem Umgang mit der Zeit. Wie bereits dargestellt, ist meine Erkenntnis der Zeit sowie mein daraus resultierendes Handeln bestimmt von Gefühlen der Ambivalenz meiner Selbstwahrnehmung als einerseits selbstmächtig und andererseits abhängig von der mir zugeteilten, endlichen Zeit. Diese Abhängigkeit von Ambivalenzgefühlen, Unklarheiten und davon beeinflußten Affekten und Handeln nennt Herms die innere oder psychische Deformation,

---

[155] Vgl. Herms, E., *Meine Zeit in Gottes Händen*, S. 87
[156] Ebd.
[157] Ebd.
[158] oder noch leben und deren vergangenes Handeln meines beeinflußt

deren unbeherrschbaren Einflüssen die Wahrnehmung meiner Zeit und mein Umgang mit ihr unterworfen sind[160].

Zu dieser inneren Deformation tritt aber noch eine weitere hinzu, nämlich die äußere oder soziale Deformation, welche die "soziale und geschichtliche Konstitution meiner Zeit" betrifft, die "engen Grenzen und unüberwindbaren Abhängigkeiten unterworfen"[161] ist. Wie bereits erwähnt, beeinflussen meine Mitmenschen durch ihr Denken und Handeln sehr stark meine Identität und mein Denken und damit mein Bild von der Zeit, meine Zeitwahrnehmung und meinen Umgang mit der Zeit.

Diese beiden Deformationen des Umgangs mit der Zeit, die psychische und die soziale, beeinflussen und verstärken sich laut Herms gegenseitig. Als extremes Beispiel für diesen gegenseitigen Einfluß nennt Herms in einer Fußnote psychisch Labile und Kranke[162], die zu einem Interaktionsmuster neigen, das zu sozialen Problemen und Deformationen führt, welche bei dem psychisch Kranken wiederum ein deformiertes Selbsterleben hervorrufen. Doch auch bei psychisch 'gesunden' oder stabilen Menschen ist dieser Kreislauf des wechselseitigen Einflusses von innerem (Zeit-) Erleben und gesellschaftlichem Verhalten zu beobachten, der normalerweise nicht weiter beachtet wird, dessen durchaus vorhandene Deformationen aber nicht übersehen werden sollten.

Im dritten und letzten Teil seines Essays *"Meine Zeit in Gottes Händen"*, der die Betonung auf 'in Gottes Händen' legt, fragt Herms nun danach, ob und wie diese Deformationen meines Selbst- und Zeiterlebens aufgefangen und evtl. sogar 'geheilt' werden können.

8.3. MEINE ZEIT IN GOTTES HÄNDEN

Herms betont zu Beginn dieses letzten Teils nochmals den universalen Charakter dieses Psalmverses, der *'meine* Zeit' als Kollektivbegriff für die Zeit jedes einzelnen Menschen verwendet. Letztlich meint dieser Vers, so Herms, eben genau die Tatsache, daß *'meine* Zeit' als *'mich* bestimmende' sowie *'durch mich'* und *'für mich'* bestimmte Zeit' Gottes Zeit ist und bleibt.

---

[159] Herms, E., *Meine Zeit in Gottes Händen*, S. 87 (Unterstreichungen von mir)
[160] Vgl. a.a.O., S. 88
[161] Ebd.
[162] Vgl. ebd., Fußn. 35

Aus diesem Grunde ist nach Herms eine Veränderung der genannten psychischen und sozialen Deformationen meines Zeiterlebens und Handelns möglich. Im Umfeld der Personen, die diesen Vers bzw. seinen Inhalt als Be- und Erkenntnis für sich in Anspruch genommen haben, d.h. die erkannt haben und glauben, daß ihre Zeit Gottes Zeit ist und von Gott umfangen und gehalten wird, ist es laut Herms nicht bei der Deformation ihrer Zeit geblieben. Der Psalmvers besagt nämlich, so Herms, daß die *'uns* bestimmende Zeit', also Gottes Zeit, ursprünglich und immer der *'durch uns'* und *'für uns* bestimmten Zeit', also unserer Zeit, überlegen ist. Dies bedeutet dann auch, daß die Ambivalenz menschlichen Zeiterlebens und die daraus resultierenden Deformationen durch und mit Gottes Kraft überwunden werden können.

Allerdings ist zuzugeben, daß die *'mich* bestimmende Zeit' die Möglichkeit zur Deformation bereits in sich beinhaltet, da 'Zeit' nicht anders erlebt werden kann als in Form von der mir in meiner Endlichkeit durch Gott zugeteilten 'Zeit meines Werdens', die mir "im Medium des Selbsterlebens in verzerrter, unklarer und einseitiger Gestalt"[163] erscheint. Die Deformation "verunstaltet"[164] die durch mich bestimmte Zeit und führt zum Widerspruch zwischen der *'durch* und *für mich* bestimmten Zeit' des Menschen und der *'mich* bestimmenden Zeit' von Gott.

Dennoch ist laut Herms die "Eigenmacht"[165] von Gottes Zeit stärker als jegliche Deformation und überwindet dadurch unser ambivalentes Zeiterleben, indem sie sich "korrigierend"[166] gegen unsere Zeiterkenntnis und unseren falschen Umgang mit der Zeit durchsetzt. Diese Korrektur geschieht dadurch, daß der "Eigensinn von Gottes Zeit erlebbar wird", was darin besteht, daß Gottes Macht bzw. die "irrestible Eigenmacht von Gottes Zeit erfahren"[167] wird.

8.3.1 Das Erleben von Gottes heilender Macht

Im christlichen Kontext heißt dieses Erleben von Gottes Macht bzw. der 'Eigenmacht seiner Zeit', daß Gott unsere Zeit in seiner Zeit trägt und umfängt, daß uns jedoch gleichzeitig zugemutet wird, unsere Zeit selbst zu bestimmen und zu füllen, wobei unser Umgang mit unserer Zeit nicht gleichgültig ist, sondern von Gott im Kontext seiner 'undeformierten' Zeit beurteilt wird. Trotz bzw. in dieser Zweiseitigkeit

---

[163] Herms, E., *Meine Zeit in Gottes Händen*, S. 89
[164] Ebd.
[165] Ebd.
[166] Ebd.
[167] Ebd.

unserer Zeit als Teil von *Gottes* Zeit, d.h. trotz bzw. in der Erfahrung des Getragen-werdens durch Gott einerseits und der Eigenverantwortlichkeit des Menschen ande-rerseits, kann der Glaubende die Erfahrung von Gottes Kraft und seiner 'heilsamen' Zeit machen. Diese Kraft Gottes wird vom Christen darin erlebt, "in der Begegnung mit dem Lebenszeugnis des Christus Jesus" Befreiung von den "verkehrten Be-stimmtheiten 'unserer' Zeit"[168] zu erfahren.

Diese Befreiung besteht nicht nur in ein wenig Korrektur und 'Zurechtbiegen', son-dern in einer positiv verstandenen "Radikalkorrektur"[169], die zwar ein langsamer, aber doch kontinuierlicher Prozeß ist, in den der Mensch eintreten kann. Durch die Begeg-nung mit Jesus Christus und in dem Korrekturprozeß erkennt der Mensch die Wahr-heit "über den Eigensinn der uns bestimmenden Weltzeit Gottes"[170], will heißen über die heilende Macht Gottes, die unsere deformierte Zeit in seiner im doppelten Sinne 'heilen' Zeit auffängt und trägt.

8.3.2 Das dreifache Ziel von Gottes Zeit

Der christliche Glaube bezeugt ferner – wie der Glaubende durch eigenes "Erleben der Wahrheit des Evangeliums"[171] weiß –, daß Gott in und mit seiner Zeit, welche unsere Welt und darin jeden einzelnen Menschen bestimmt, ein dreifaches Ziel hat:

(1) Schöpfung *unserer* Zeit,
(2) Versöhnung *unserer* Zeit und
(3) Vollendung *unserer* Zeit.

Diese drei Ziele, auf die sich Gottes Zeit richtet, beleuchtet Herms nun tiefer.

8.3.2.1 Schöpfung *unserer Zeit*

Unter 'Schöpfung unserer Zeit' durch die "uns bestimmende Weltzeit Gottes"[172] ver-steht Herms, daß Gott mit seiner Zeit zum Ziel hat, daß diese '*unsere* Zeit' wird. Dies bedeutet, daß Gottes Zeit, die uns zugeteilt ist, die uns bestimmt und 'Zeit unseres Werdens' ist, zu der Zeit wird, die '*durch uns*' und '*für uns*' bestimmt ist. Anders aus-gedrückt: Gott will, daß 'meine Zeit', die Teil seiner Zeit ist und 'in seinen Händen

---

[168] Herms, E., *Meine Zeit in Gottes Händen*, S. 89
[169] Ebd.
[170] Ebd.
[171] Ebd.
[172] Ebd.

steht', wirklich zu 'meiner Zeit' wird, über die ich eigenverantwortlich bestimme, daß sie zur Zeit meines Lebens in dessen allumfassender Bedeutung wird.

8.3.2.2 Versöhnung unserer Zeit

Mit 'Versöhnung' möchte Herms ausdrücken, daß wir trotz aller Ambiguitäten unseres Selbst- und Zeiterlebens und den daraus resultierenden Deformationen unserer Zeiterkenntnis und unseres Umgangs mit unserer Zeit diese als Gottes Zeit erkennen und erleben. Dies kann durch Gottes Korrektur, also eben durch die von Gott gestiftete Versöhnung geschehen, die Herms als Zeichen und Beweis für Gottes Treue und Wahrheit sieht.

8.3.2.3 Vollendung unserer Zeit

In der Zeit Gottes als 'Zeit menschlichen Werdens' und als 'Zeit des Versöhntwerdens' liegt bereits das endgültige Ziel, das Gott mit meiner Zeit hat: Daß ich in seiner Zeit das "Vollendet-SEIN"[173] meiner Zeit als Gottes Zeit erlebe. Dies heißt, daß ich die Erfahrung mache – was nach christlichem Verständnis nur nach dem jetzigen Leben in Vollkommenheit möglich ist –, daß meine Zeit tatsächlich nichts anderes ist als Teil von Gottes Zeit, die ich als 'meine Zeit' zwar bestimmt und daher oft als deformiert erlebt habe, die aber schon in meiner Gegenwart durch Gottes Hilfe Heilung erfahren hat und am Ende in und durch Gott vollkommen heil und vollendet ist.

Um den Bogen von 'meiner in Gott vollendeten Zeit', wie es der christliche Glaube bekennt, zur am Beginn seines Essays abstrakt dargestellten 'Zeit' i.a. zu schließen, greift Herms den abstrakten Zeitbegriff auf und bindet ihn in sein am Ende des Essays stark betontes christliches Bekenntnis ein, das er als "Pointe"[174] seiner Sachexegese von Ps 31,16 bezeichnet.

8.3.3 Herms' 'Pointe': Der Mensch und die Zeit als Geschöpfe Gottes

Herms geht davon aus, daß die in Ps 31,16 gemachte "transzendentale Behauptung"[175], wie sie in diesem Essay entfaltet wurde, wahr ist. Darauf aufbauend kommt

---

[173] Herms, E., *Meine Zeit in Gottes Händen*, S. 90
[174] Ebd.
[175] Ebd.

Herms zu dem bereits mehrfach dargestellten, für ihn jedoch äußerst wichtigen Punkt, den er die "Pointe"[176] seines Essays nennt: Alle Menschen samt ihrer Zeit existieren aus und durch Gottes Sein, "aus dem weltkonstituierenden Personsein des Ichs[177] von Ex 3,14"[178].

Ferner betont Herms, daß sich Gottes Wesen, sein Wille, seine Intentionen und seine "Herrlichkeit"[179] in Jesus Christus als dem Gekreuzigten [und Auferstandenen] zeigen[180], so daß das Evangelium von der Rettung aller Menschen durch das Kreuz Jesu dem Glaubenden Kraft schenkt, auch im Chaos und in den Deformationen dieser Welt.

Aus diesem Blickwinkel heraus wird die Zeit, so Herms, als Geschöpf Gottes verstanden, deren Wesen durch Gottes Selektion und Zuteilen als "weltkonstituierende Zeit"[181] bestimmt wird, was sowohl den naturwissenschaftlichen als auch den religiösen Aspekt der Zeit einschließt.

---

[176] Herms, E., *Meine Zeit in Gottes Händen*, S.90

[177] Mit diesem 'Ich' meint Herms Gott, dessen Wesen, Person und Sein nach jüdisch-christlichem Verständnis in hohem Maße durch Gottes Namen geoffenbart wird, wofür als zentrale atl. Textstelle der vieldiskutierte und mit einer Fülle von theologischen Theorien behaftete Vers in Ex 3,14 anzusehen ist. Hier begegnet Gott Mose im brennenden Dornbusch und nennt sich selbst אֶהְיֶה אֲשֶׁר אֶהְיֶה ('ehje-'asher-'ehje), wobei das Verb אֶהְיֶה ('ehje, von *haja*, 'sein') der 1. Pers. Sg. im Impf. (Präformativkonjugation) steht. Dies kann im Hebräischen sowohl gegenwärtige Bedeutung (im Deutschen oft übersetzt mit 'Ich-bin-der-ich-bin') als auch zukünftige Bedeutung (Dt.: 'Ich-werde-sein-der-ich-sein-werde') tragen. Überdies wird das hebr. Verb הָיָה (*haja*) nicht statisch, sondern dynamisch verstanden als ein 'Dasein', 'Gegenwärtigsein' oder 'Wirksam sein', was wiederum ein 'Sein *für*' beinhaltet, weshalb der Gottesname im Dt. auch oft mit 'Ich-bin-da' oder 'Ich-bin-für-euch-da' wiedergegeben wird (vgl. *Gute Nachricht Bibel*, S. 375).
Letztere Bedeutung des Namens Gottes, in der das 'Dasein-*für*' mitschwingt, betont ganz in Herms' Sinne die Tatsache, daß der Mensch aus Gottes Dasein heraus existiert, das ein Dasein *für uns* samt dem Zuteilen unserer Zeit für uns beinhaltet. (Vgl. *Reallexikon der Assyrologie*, S. 251 ff)
Die Tatsache, daß die grammatische Verbform אֶהְיֶה ('ehje) sich nicht auf eine bestimmte Zeit (Gegenwart, oder Zukunft) festlegen läßt, spiegelt wiederum hervorragend Herms' Aussage wider, daß Gott über der Zeit steht und daß seine Zeit unsere gesamte Zeit, also Gegenwart und Zukunft (und Vergangenheit), miteinschließt.

[178] Herms, E., *Meine Zeit in Gottes Händen*, S. 90

[179] Ebd.

[180] Herms bezieht sich hier auf 2 Kor 4,6 u. 1 Kor 1+2.

[181] Herms, E., *Meine Zeit in Gottes Händen*, S. 90

8.4 ZUSAMMENFASSUNG: Zeitmodell von Herms' Zeittheorie

Zum Schluß der Darstellung des Essays *"Meine Zeit in Gottes Händen"* von Eilert Herms soll nun statt einer Zusammenfassung, die bereits in der Einleitung dieser Arbeit gegeben wurde (vgl. I.4), versucht werden, Herms' Zeittheorie einem der unter 5.3 vorgestellten Zeitmodelle – Zeitstrahl, Zeitfluß oder Zeitspirale – zuzuordnen. Allerdings fällt dabei schnell auf, daß eine Zuordnung schwer möglich ist, da Herms' Herangehensweise an die Frage nach der Zeit in keinem der Zeitmodelle völlig erfaßt oder widergespiegelt wird.

Bei seiner im ersten Teil über 'Zeit' gegebenen Darstellung von Vergangenheit und Zukunft als bereits gewählte und verwirklichte bzw. noch zu wählende und zu verwirklichende Möglichkeit ist es vollkommen unerheblich, ob die Zeit als menschlicher Weg von der Vergangenheit in die Zukunft betrachtet wird oder als sich bewegender Raum von der Zukunft Richtung Vergangenheit. Von daher scheiden die beiden Modelle von Zeitstrahl und Zeitfluß als der Herms'schen Zeittheorie zugrundeliegende Modelle aus.

Etwas näher an Herms' Zeitauffassung scheint das Modell der Zeitspirale zu sein, deren Mitte die Gegenwart darstellt, in der wir Menschen uns ständig befinden. Auch Herms sieht unsere Gegenwart, die 'Zeit unseres Werdens', als immer wieder neu von Gott zugeteilten Augenblick, in dem uns jeweils eine konkrete, von Gott selektierte Möglichkeit im Horizont des gesamten Möglichkeitsraums erscheint. Allerdings sind für Herms Vergangenheit und Zukunft nicht bloß gegenwärtiges Erinnern und Erwarten, wie in der Zeitspirale dargestellt, sondern vielmehr durch die Gegenwart gespaltene und daher jeweils neu auf den gegenwärtigen Augenblick bezogene Möglichkeiten, die entweder 'schon' verwirklicht oder 'noch nicht' verwirklicht sind und daher für uns zwei Formen des 'Nichtseins', für Gott aber ständig gegenwärtig und daher zwei Formen des 'Seins' sind. Deshalb ist auch das Modell der Zeitspirale für Herms' Zeittheorie nur äußerst bedingt verwendbar.

Noch viel weniger als Herms' allgemeine Zeitdarstellung im ersten Teil seines Essays lassen sich seine Ausführungen über die Ambivalenz und Deformation unseres Zeiterlebens und unseres Handelns, wie im zweiten Teil erörtert, in einem der drei Zeitmodelle wiederfinden. Herms' christliches Bekenntnis, daß unsere Zeit in Gottes Händen geborgen ist und von ihm Heilung und Vervollkommnung erfährt, wie im dritten Teil wiedergegeben, ist selbstverständlich in den drei gängigen und völlig 'unchristlichen', da abstrakten Zeitmodellen schon gar nicht enthalten.

Dennoch soll hier der Versuch gemacht werden, die Sichtweise, die Herms von der Zeit hat, zu veranschaulichen. Allerdings kann und muß sich ein Modell von Herms'

Zeittheorie, um übersichtlich zu bleiben, größtenteils auf den ersten Teil seines Essays, 'Zeit', beschränken; im Grunde wäre ein spiralförmiges dreidimensionales Modell nötig, das sich schwerlich auf dem Papier verkörpern läßt. Deshalb soll hier zum Abschluß der Darstellung des Essays *"Meine Zeit in Gottes Händen"* lediglich versuchsweise eine Skizze abgebildet werden, die den ersten Teil von Herms' Zeittheorie selbstverständlich nur ansatzweise und unvollkommen wiedergibt.

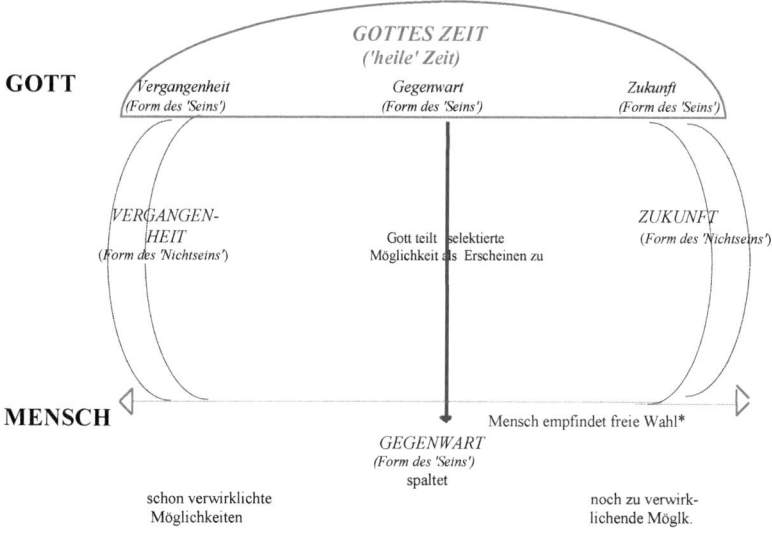

GOTT

GOTTES ZEIT
('heile' Zeit)

Vergangenheit
(Form des 'Seins')

Gegenwart
(Form des 'Seins')

Zukunft
(Form des 'Seins')

VERGANGEN-
HEIT
(Form des 'Nichtseins')

Gott teilt selektierte
Möglichkeit als Erscheinen zu

ZUKUNFT
(Form des 'Nichtseins')

MENSCH

Mensch empfindet freie Wahl*

GEGENWART
(Form des 'Seins')
spaltet

schon verwirklichte
Möglichkeiten

noch zu verwirk-
lichende Mögl.

ZEIT DES MENSCHEN

('deformierte Zeit')

*'Zeit meines Werdens' in Form der 'mich
bestimmenden Zeit' als Teil von Gottes Zeit*

* • Mensch empfindet Ambivalenz von freier Wahl und
  Abhängigkeit
  • Mensch bestimmt unter Einfluß der Ambivalenz über
  seine ('durch ihn' und 'für ihn bestimmte' Zeit)
  • die Ambivalenz menschlichen Zeiterlebens führt zur
  Deformation im Umgang mit der Zeit

HAUPTTEIL II

TEIL A: VERGLEICH UND BEWERTUNG DER DREI ZEITTHEORIEN

9 Vergleich der Zeitverständnisse von Augustin, Ende und Herms

Nach diesen ausführlichen Darstellungen von Augustins, Michael Endes und Eilert Herms' sehr unterschiedlichen Versuchen, das Phänomen 'Zeit' zu begreifen und zu erklären, folgt nun ein Vergleich dieser drei Theorien. Da die Gemeinsamkeiten und Unterschiede so stark ineinander verwoben sind, daß sie sich nicht klar gegeneinander abgrenzen oder einzeln darstellen lassen, werden statt dessen die einzelnen Themengebiete der verschiedenen Zeitanalysen schrittweise miteinander verglichen.

9.1 Zentrale Frage: Was ist Zeit?

Weder Aurelius Augustinus noch Michael Ende oder Eilert Herms stellen die Frage nach der Zeit, die das Zentrum der drei Werke ausmacht, direkt am Anfang ihrer Darstellungen, sondern alle drei tasten sich gewissermaßen gemeinsam mit dem Leser heran, bis das Vorverständnis 'reif' für die eigentliche Frage ist.

Wird diese schließlich gestellt, so finden wir in allen drei Werken ein und dieselbe Prämisse, eine Tatsache, derer sie sich trotz aller anderen offenen Fragen und Widersprüche sicher sind: Es gibt die Zeit:

Momo sagt: "Sie (die Zeit) ist da, ... , das ist jedenfalls sicher." [182]

Augustin schreibt:

Fidenter ...dico scire me, quod, si nihil praeteriret, non esset praeteritum tempus, et si nihil adveniret,non esset futurum tempus, et si nihil esset, non esset praesens tempus. [183]

Herms wiederum schreibt:

Unser Satz [Ps 31,16] [...] gibt zu verstehen, daß der Ausdruck `Zeit` jedenfalls einen prädikablen Sachverhalt bezeichnet. [184]

---

[182] Ende, M, *Momo*, Kap. 12, S. 158
[183] *Confessiones* nach Bernhart, Kap. 17, S. 628

Unter 'prädikabel' versteht Herms 'erkenn- und bestimmbar', was deutlich macht, daß die Zeit in seinen Augen existieren muß, da sie sonst eben nicht 'prädikabel' wäre.

Demnach gehen alle drei 'Philosophen' von der Voraussetzung der Existenz der Zeit aus und bauen darauf jeweils eine Zeittheorie auf, welche nun in einigen Punkten miteinander verglichen werden sollen.

9.2 Zeit, Prozeß und Bewegung

Augustin differenziert in seinen Kapiteln 29-31 stark zwischen der Bewegung von (Himmels-) Körpern und der Bewegungsdauer und stellt damit einen grundsätzlichen Unterschied zwischen Zeit und Bewegung fest. Wie bereits dargestellt (vgl. 6.8), zeigt Augustin anhand des hypothtischen Beispiels der sich weiterdrehenden Töpferscheibe bei Stillstand der Gestirne[185] auf, daß Zeit und Bewegung nicht identisch sind. Auf diese Unterscheidung wird im Kontext der Bewertung von Augustins Zeitverständnis (10.1.1) noch näher eingegangen.

Herms macht einen ähnlichen Unterschied wie Augustin, allerdings nicht zwischen Zeit und Bewegung, sondern zwischen Zeit und Prozeß, wie unter 8.1.8 erläutert wurde. Auch Herms erwähnt dabei, ähnlich wie Augustin, die hypothetische, uns allerdings nicht sehr "vertraute Möglichkeit", daß ein Prozeß nicht "notwendig innerhalb der meßbaren Zeit ablaufen"[186] müsse. Obwohl er dies nicht weiter ausführt, wird doch klar, daß Herms die Begriffe 'Zeit' und 'Prozeß' grundsätzlich unterscheidet, da er unter 'Prozeß' den ständig wiederkehrenden 'selektiven Übergang' von noch Möglichem zu bereits Verwirklichtem versteht, wohingegen das *Erscheinen* dieser Möglichkeiten und deren Spaltung an der Gegenwart in 'schon' und 'noch nicht' für uns u.a. insgesamt die Zeit konstituiert. Dies zeigt die "wesentliche Zeitlichkeit von Prozessen"[187] auf, macht aber auch deutlich, daß Herms die Zeit vom Konzept des Prozesses her versteht und diese als Folge von Zeit und daher als grundsätzlich von dieser unterschieden ansieht.

Diese Differenzierung von Zeit und Prozeß wird im 12. Kapitel von *"Momo"* nicht gemacht, allerdings kommt die Augustin'sche Frage nach dem Zusammenhang von Zeit und Bewegung auch bei **Ende** vor, nämlich im 21. Kapitel, in dem von Momos

---

[184] Herms, E., *Meine Zeit in Gottes Händen*, S. 68
[185] In *"Momo"* tauchen die Gestirne in einem völlig anderen Kontext auf, was in der Bewertung unter 10.2.1 noch näher erläutert wird.
[186] Herms, E., *Prozeß und Zeit*, S. 287
[187] Ebd.

Kampf mit den Zeitdieben während Meister Horas Schlaf erzählt wird: Während Meister Hora, Personifikation der Zeit, schläft, steht alles Leben auf Erden still, Menschen und Tiere sind erstarrt, Wasser fließt nicht mehr, Rauch raucht nicht mehr, Brötchen sind hart wie Stein, und die Gegenstände lassen sich nicht mehr bewegen. Ende beschäftigt sich demnach zwar nicht mit der Differenzierung von Zeit und Bewegung von Körpern im theoretischen Sinne wie Augustin, doch auch er stellt den Zusammenhang von Zeit und Bewegung her und macht anschaulich klar, was bereits Augustin vorausgesetzt hat, nämlich daß die Bewegung von Körpern von der Zeit abhängig ist – was umgekehrt nicht der Fall ist! – und daß Bewegung ohne Zeit nicht existieren kann.

9.3 Die Nichtexistenz von Vergangenheit und Zukunft bei Augustin und Herms

Im Zusammenhang mit der Frage nach dem zugrundeliegenden Zeitmodell von Augustins Zeitvorstellung wurde bereits deutlich gemacht, daß Augustin Vergangenheit und Zukunft nicht wirklich als (gegenwärtig) 'existent' betrachtet, wie er immer wieder betont:

Duo ergo illa tempora, praeteritum et futurum, quomodo sunt, quando et praeteritum iam non 'est' et futurum nondum 'est'?[188]

[...] nec futura 'sunt' nec praeterita [...][189]

Da wir aber sowohl Zeitspannen in der Vergangenheit, die doch eigentlich 'nicht mehr' ist, als auch in der Zukunft, die im Grunde 'noch nicht' ist, bemessen, müssen diese beiden Zeitformen auf irgend eine Art und Weise 'sein'; dies geschieht laut Augustin, wie bereits ausführlich dargestellt, in Form von Erinnerung (*memoria*) und Erwartung (*expectatio*)[190]. Für Augustin herrscht daher immer nur der gegenwärtige Moment, der sich nach dem Modell der Zeitspirale genau in der Mitte derselben befindet und allein wirklich 'existiert', während Vergangenheit und Zukunft lediglich in Form von Erinnerung und Erwartung zwei auf die Gegenwart bezogene Punkte auf der Spirale sind, die jedoch nicht wirklich 'existieren'.

Auch für Herms sind Vergangenheit und Zukunft zwei Formen des 'Nichtseins':

---

[188] *Confessiones* nach Bernhart, Kap. 17 , S. 628
[189] A.a.O., Kap. 26, S. 640
[190] Vgl. a.a.O., Kap. 26, S. 642

Die Form des Erscheinens [der Zeit] [...] ist für uns [...] die Differenz zwischen zwei Weisen des Nichtseins *eigener Wahlmöglichkeiten: den schon vergangenen und den noch nicht verwirklichten.*[191]

Diese zwei Formen des 'Nichtseins' werden nach Herms' Ansicht durch die Gegenwart, die für den Menschen die einzige Form des 'Seins' ist und ihm von Gott zugeteilt wird, gespalten. In dieser Gegenwart, die jeweils das Jetzt ist, muß sich der Mensch laut Herms ständig erneut zwischen verschiedenen Möglichkeiten aus dem Gesamtraum aller Möglichkeiten entscheiden, wobei jede Entscheidung, die jeweils in der Gegenwart getroffen wird, die Tür zu allen nicht gewählten und daher nicht mehr realisierbaren Möglichkeiten zufallen läßt, die nun in die Vergangenheit gehören bzw. diese ausmachen. Gleichzeitig eröffnet jede gefällte Entscheidung erneut andere Möglichkeiten, so daß die noch wählbaren Möglichkeiten gemeinsam der Zukunft angehören bzw. diese bilden.

Herms deutet den Bezug von Vergangenheit und Zukunft zur Gegenwart also nicht wie Augustin als Erinnerung und Erwartung, die der Mensch in der Gegenwart hat, sondern als nicht mehr wählbare und noch nicht gewählte Möglichkeiten, die für den Menschen von der Gegenwart aus gesehen durch diese gespalten sind.

Dennoch stimmen Augustin und Herms darin überein, daß unser Sein und unsere Zeit ständig nur aus dem momentanen Augenblick der Gegenwart bestehen und Vergangenheit und Zukunft nicht wirklich 'sind'.

Zudem gibt es interessanterweise bei beiden Philosophen die Feststellung einer gewissen Art von 'Gegenwärtigsein' von Zukünftigem und Vergangenem.

Augustin schreibt:

[...] tempora 'sunt' tria, praesens de praeteritis, praesens de praesentibus, praesens de futuris.[192]

Für Augustin besteht dieses Gegenwärtigsein von Zukunft und Vergangenheit wie bereits beschrieben im Gegenwärtigsein von Erwartung und Erinnerung:

[...] praesens de praeteritis memoria, [...] praesens de futuris expectatio [est].[193]

Auch Herms beschreibt das Gegenwärtigsein von Zukunft und Vergangenheit:

---

[191] Herms, E., *Meine Zeit in Gottes Händen*, S. 82
[192] *Confessiones* nach Bernhart, Kap. 26, S. 640/41
[193] A.a.O., S. 642

Das Erscheinen von Erscheinendem konstituiert das Gegenwärtigsein von Ge-
genwärtigem durch die Differenz zwischen dem Gegenwärtigsein von nicht mehr
durch uns zu bestimmendem Gegenwärtigem [=Vergangenheit] *und noch durch*
uns zu bestimmendem Gegenwärtigen [=Zukunft].[194]

Für Herms liegt dieses 'Gegenwärtigsein' von Vergangenheit und Zukunft also genau darin, daß diese beiden Formen der noch nicht oder nicht mehr durch uns zu bestimmenden Möglichkeiten jeweils durch unser Bestimmen in der Gegenwart konstituiert sind und sich daran spalten.

Somit stimmen Augustin und Herms sowohl in der nicht wirklichen Existenz von
Vergangenheit und Zukunft als auch in deren 'Gegenwärtigsein' für uns Menschen
überein. Diese Übereinstimmungen sind trotz der unterschiedlichen Ansichten darüber, welchen Bezug Vergangenheit und Zukunft zur Gegenwart haben und trotz der
unterschiedlichen Begründung für das 'Gegenwärtigsein' dieser beiden Zeitformen
äußerst auffällig und machen deutlich, daß 'Zeit' trotz ihrer Rätselhaftigkeit unter-
suchbar und, wenn auch mit unterschiedlichen Worten, beschreibbar ist.

9.4 Die zugrundeliegende Vorstellung des Zeitflusses bei Augustin und Herms

Neben der Übereinstimmung bezüglich der Nichtexistenz von Vergangenheit und
Zukunft ist bei beiden Philosophen auch die Vorstellung des Übergangs der zukünftigen Augenblicke durch die Gegenwart hindurch in die Vergangenheit hinein ähnlich.

Bei Augustin entspricht dies, zumindest zu Beginn seiner Zeittheorie, dem Modell
des Zeitflusses von der Zukunft in die Vergangenheit:

[...] (videat) omne praeteritum propelli ex futuro [...][195]

Bei Herms hingegen spielt die 'Richtung' der Zeit – ob nun die Zukunft durch die
Gegenwart in die Vergangenheit übergeht oder umgekehrt – keine Rolle. Dennoch
zeigt Herms' Sprachgebrauch an, daß auch seiner Vorstellung das Modell der sich
bewegenden Zeit, genauer gesagt des Zeitflusses von der Zukunft in die Vergangenheit, evtl. sogar unbewußt zugrunde liegt:

---

[194] Herms, E., *Meine Zeit in Gottes Händen*, S. 74
[195] *Confessiones* nach Bernhart, Kap. 13, S. 622

95

[...] das Erscheinen [der Zeit] [...] ist die Differenz zwischen Bestimmbaren, das noch in Gottes, aber noch nicht [=Zukunft] in unserer Zeit, und solchem Bestimmbaren, das schon wieder in Gottes Zeit und nicht mehr [=Vergangenheit] in unserer existiert. [196]

Obwohl sowohl Herms als auch Augustin äußerst komplexe und in vielen Punkten auch äußerst unterschiedliche Zeittheorien entwickelt haben, bauen beide offensichtlich auf die Vorstellung des Zeitflusses auf bzw. liegt diese ihren Darstellungen zugrunde. Dies zeigt, daß selbst höchst komplizierte und ausdifferenzierte Theorien oftmals auf 'simple' und 'überholte' Vorstellungen zurückgreifen müssen und daß es kaum möglich ist, sich vollkommen von altem und einfachem Gedankengut zu lösen. Vielmehr ist es hilfreich und notwendig, sich dieses zu eigen zu machen und darauf aufzubauen, wie Augustin und Herms es getan haben: Sie haben die ihnen vorangegangenen Theorien aufgegriffen und sie so umgewandelt und überarbeitet, daß am Ende eine tiefere und differenziertere Vorstellung davon entstand, was 'Zeit' eigentlich ist.

9.5 Meister Hora – Gott oder Tod?

Für Augustin ist Zeit ein vergänglicher Teil der Schöpfung Gottes, der ewig ist – also auch schon 'vor' der Zeit existierte – und außerhalb von Raum und Zeit steht. Vor Gott sind laut Augustin entsprechend der Bibel "tausend Jahre wie ein Tag"[197]; bei Gott steht die Zeit still und herrscht immer Gegenwart, gleichzeitig aber auch Vergangenheit und Zukunft, so daß er alles Geschehen auf Erden wie gleichzeitig überblickt[198].

Dies bekennt auch Herms, der Vergangenheit, Gegenwart und Zukunft als bei Gott existent und damit als Gesamtheit, nämlich 'Gottes Zeit', darstellt. Diese Zeit Gottes unterscheidet sich grundlegend von der unseren und ist uns und unserer Zeit aufgrund Gottes Macht, Herrlichkeit und 'Heil-Sein' weit überlegen.

Viele dieser 'Augustinschen' und 'Hermsschen' Attribute Gottes finden sich in *Momo* bei Meister Hora wieder. Mit seiner Allsicht-Brille sieht dieser alles, was in der Stadt passiert, gleichzeitig. Mit seinem Verwandlungs-Scherz zu Anfang, als er sich Momo in den Garderoben verschiedener, auch zukünftiger, Jahrhunderte vorstellt,

---

[196] Herms, E., *Meine Zeit in Gottes Händen*, S. 82
[197] Ps 90, 4

zeigt er, daß er außerhalb der Zeit steht und in dieser hin- und herspringen kann. Sein sich ständig änderndes Aussehen von einem Jungen bis hin zu einem alten Mann macht deutlich, daß er kein Alter hat und daher ewig ist. Als Momo nach ihrem ersten Besuch bei Meister Hora in ihrer Ruine erwacht und ihrem Gefühl nach annimmt, sie sei nur einen Tag weg gewesen und habe nur eine Nacht geschlafen, war dies bei Meister Hora in Wirklichkeit ein ganzes Jahr. Und während Meister Hora im 20. Kapitel schläft, steht die gesamte Zeit still, was darauf hindeutet, daß er den Gang der Welt und der Zeit aufrecht erhält.

Dennoch ist Meister Hora nicht mit Gott gleichzusetzen. Er ist nicht der Schöpfer der Zeit, denn auf Momos Frage hin, ob er die Zeit mache, antwortet er, er sei nur ihr Verwalter und teile die vorher festgesetzte Lebenszeit den Menschen zu. Nach dem Ursprung der Zeit wird nicht weiter gefragt, doch liegt er für Ende offensichtlich nicht im Schöpfungsakt Gottes wie für Augustin. Vielmehr scheint Ende die Zeit zweigeteilt zu sehen, zum einen als Lebenszeit der einzelnen Menschen, zum anderen als gesamte Zeit des – wohl schon immer vorhandenen – Universums[199], das die einzelnen Lebensstunden der Menschen Gott-ähnlich hervorbringt[200].

Momos Frage, ob er der Tod sei, verneint Meister Hora nicht; stattdessen antwortet er ihr indirekt, was letztlich einer Bejahung gleichkommt: Wenn die Menschen wüßten, wer oder was der Tod sei, müßten sie keine Angst mehr vor ihm haben. Laut Michael Ende ist der Tod das Ende der eigenen Lebenszeit, so daß für einen scheinbar 'die Zeit' aufhört; man geht den Weg dorthin zurück, wo man vor der Geburt war, und wird wieder ein Teil der gesamten kosmischen Zeit, Teil des Universums mit seinen Gestirnen und seiner sphärischen Musik. Der Tod ist demnach für Michael Ende etwas Angenehmes und Schönes, weshalb er ihn in der Verkörperung Meister Horas als einen gütigen und weisen alten Mann zeichnet, bei dem man sich wie Momo sicher und geborgen fühlt.

Auch für Augustin ist der Tod etwas Schönes, nach dem er sich sehnt; auch Augustin sieht den Tod als Begrenzung der Lebenszeit und den Eingang in die Unendlichkeit. Allerdings ist diese Unendlichkeit für Augustin völlig anders geartet als in der

---

[198] *Anni tui omnes simul stant...."Anni tui dies unus" .... Hodiernus tuus aeternitas. (Confessiones* nach Bernhart, Kap. 16, S. 626)

[199] Im fernöstlichen Denken, von dem Ende einiges übernommen hat, herrscht ein zyklisches Weltbild ohne Anfang und Ende des Universums vor. (Vgl. z.B. auch Endes *Unendliche Geschichte*, in der Phantásien immer wieder neu entsteht.)

[200] Vgl. die Stundenblumen aus dem Teich in der Kuppel in Momos Herzen, die durch die Licht-Musik-Säule aus dem Himmel entstehen. (Ende, M., *Momo*, S. 163/64)

Vorstellung Endes: nach dem Tod kommt die Ewigkeit, die die Seele durch Gottes Gnade in seinem Sohn, Jesus Christus, bei und mit Gott verbringen darf[201].

Ebenso beschreibt Herms die positive Auswirkung von Gottes Zeit u.a. als darauf abzielend, unsere Zeit zu vollenden, was so viel bedeutet wie das Vollendetsein und Aufgehen unserer menschlichen Zeit und unseres endlichen Lebens in Gottes Zeit. Die menschliche Zeit ist für Herms geprägt von Ambivalenzen und dem sich oftmals zerstörerisch auswirkenden Gefühl von Ohnmacht und Endlichkeit, welches gerade durch das Bewußtsein der eigenen Sterblichkeit und des täglich näherrückenden Todes hervorgerufen wird. Von daher sieht Herms den Tod einerseits als Teil bzw. Ursache der menschlichen Ambivalenz und Deformationen, andererseits aber auch als etwas für den Glaubenden Positives, da der Tod das unvollkommene irdische Leben zur Vollendung, d.h. auch zur 'Vollkommenheit' bei Gott führt, wobei Gott selbst als mächtig, gnädig und voller 'Herrlichkeit' beschrieben wird[202].

Michael Ende hebt den Glauben an den christlichen und personenhaften Gott, an den Augustin und Herms glauben, auf; statt dessen gibt er einige der göttlichen Attribute an den Tod weiter, den er in der Gestalt Meister Horas personifiziert darstellt. Gleichzeitig erhalten in *Momo* die Gestirne göttliche Macht, die das Leben der Menschen beeinflussen. Letztlich wird von Michael Ende das Universum selbst personifiziert und als gütiges, gott-ähnliches 'Wesen' dargestellt, das die menschliche Lebenszeit entstehen und vergehen läßt und das einen "anblickt" und mit einem "redet", wie dies Momo im 12. Kapitel des Buches erlebt hat.

Durch die unterschiedlichen Vorstellungen dessen, was nach dem Tod kommt und wer oder was der Tod ist, fällt die Gewichtung der Lebenszeit für Augustin, Herms und Ende unterschiedlich aus: Für Augustin ist sie dazu da, nach Gott zu streben und im christlichen Glauben zu wachsen, wie die gesamten *"Confessiones"* darstellen. Für Herms ist unsere Lebenszeit zwar geprägt durch Deformationen, wird aber dennoch von Gott gehalten, der uns schon hier und jetzt helfen möchte, unseren falschen Umgang mit unserer Zeit im Horizont von Gottes Ewigkeit positiv zu verändern. Für Ende schließlich ist unsere Lebenszeit dazu da, den gegenwärtigen Moment auszukosten, das Schöne daran zu sehen und ihn als von den Gestirnen 'vorherbestimmt' und Teil des Kosmos zu erkennen, wie Momo es mit den Stundenblumen und der sphärischen Musik erlebt.

Somit zeigt sich, daß Augustin und Herms als christliche Theologen trotz der sechzehn Jahrhunderte, die zwischen ihnen liegen, sehr ähnliche, von der Bibel geprägte Vorstellungen davon haben, was der Tod für den Menschen bedeutet; für beide ist er

---

[201] Vgl. das gesamte 39. Kap. der *Confessiones* Augustins
[202] Vgl. Herms, E., *Meine Zeit in Gottes Händen*, S. 90

einerseits Begrenzung des Lebens, andererseits Tor zu Gottes Herrlichkeit. Michael Endes Vorstellung vom Tod und von Gott ist hingegen – trotz der relativen zeitlichen Nähe zu Eilert Herms[203] – völlig anders geartet und enthält nur noch wenig von der christlichen Hoffnung, nach dem Tod, und auch schon hier und jetzt, Gemeinschaft mit dem lebendigen, personalen Gott, wie ihn der christliche Glaube bezeugt, haben zu können.

9.6 Das Zeitmodell von Augustin, Michael Ende und Eilert Herms

Wie bereits dargestellt, geht Augustin in seinem 13. Kapitel von einem linearen Zeitverständnis aus, sei es von dem der Zeit als Strom oder als Strahl wie in den ersten beiden Modellen[204]. Ab dem 17. Kapitel entspricht seine Darstellung jedoch eher dem Verständnis der Zeit als Spirale (drittes Modell), in der allein die Gegenwart existiert und Vergangenheit und Zukunft nur in Form von Erinnerung und Erwartung vorhanden sind[205].

Auch Eilert Herms spricht davon, wie bereits ausführlich erläutert wurde, daß Vergangenheit und Zukunft aus menschlicher Perspektive zwei Formen des 'Nichtseins' sind, welche jedoch bei Gott zusammen mit der Gegenwart drei Formen des 'Seins' und somit ein Ganzes, nämlich Gottes Zeit, bilden.

Michael Ende beschäftigt sich im Gegensatz zu Augustin und Herms nicht mit der Frage, ob Vergangenheit und Zukunft existieren. Vielmehr setzt er die Existenz der Zukunft als selbstverständlich voraus, denn Kassiopeia kann sie irrtumslos eine halbe Stunde voraussehen, was nicht lediglich als Erwartung, sondern als 'Hellseherei' oder 'Prophetie' zu bezeichnen ist. Allerdings hat Kassiopeia keine Macht, das zukünftige Geschehen, das sie voraussieht, zu beeinflussen oder durch eine Veränderung ihres Handelns abzuwenden. Demnach ist in Endes Sicht – im Gegensatz zu Augustins Vorstellung, daß die Zukunft eigentlich (noch) gar nicht wirklich existiere – die Zu-

---

[203] Michael Ende wurde 1929, Eilert Herms 1940 geboren. (Vgl. Berger, K., *Michael Ende - Heilung durch magische Phantasien?*, S. 17 bzw. Herms, E., Selbstdarstellung, In: Henninger, Ch. [Hrg.], *Systematische Theologie der Gegenwart in Selbstdarstellungen*, S. 317)

[204] *(Videat) omne praeteritum propelli ex futuro* (Zeitstrom) *et omne futurum ex praeterito consequi* (eher Zeitstrahl). (*Cofessiones* nach Bernhart, Kap. 13, S. 622)

[205] (...) *nec futura 'sunt' nec praeterita ... . Sunt enim haec in anima tria quaedam ..., praesens de praeteritis memoria, (praesens de praesentibus contuits,) praesens de futuris expectatio. (Confessiones* nach Bernhart, Kap. 26, S. 640 u. 642)

kunft bereits festgelegt, gleichsam 'prädestiniert' und durch das "Zusammenwirken des Universums" vorausbestimmt.[206]

Andererseits stimmt Ende mit Augustin und Herms darin überein, daß man keinen der drei Aspekte der Zeit 'greifen' kann; er ergänzt jedoch diese Feststellung sofort mit der Erkenntnis, daß alle drei "Brüder" nur zusammen existieren können und voneinander abhängig sind, wobei man allerdings immer nur einen der drei 'betrachten' kann[207]. Dies zeigt, daß in *"Momo"* die Existenz der Zeit, auch der Gegenwart, nicht in dem Maße in Frage gestellt wird wie in Augustins Darstellung.

Wie Augustin im 20. und 21. Kapitel beschreibt auch Ende in dem Rätsel Meister Horas[208], daß die Gegenwart im Grunde immer nur aus einem kurzen Augenblick besteht[209]. Dennoch stellt sich für Ende im Gegensatz zu Augustin die Frage nicht, ob Zeit 'lang' sein und man sie messen könne. Im Gegenteil, da die grauen Herren den Menschen die Zeit in Form von Stunden, Minuten und Sekunden entlocken und stehlen können, muß es möglich sein, diese Zeit vorher 'abzumessen', um sie dann sekundengenau in die Zeitsparkasse einzuzahlen. Michael Ende operiert in seinem Roman also mit vielen Prämissen, die für Augustin erst einmal hinterfragt und geklärt werden müssen.

Möchte man Michael Endes Gedankengang einem der Zeitmodelle zuordnen, kommt man zu folgendem Schluß: Grundsätzlich paßt Endes Bild der Gegenwart als ein kurzer Augenblick, der immer 'jetzt' gegenwärtig ist, am ehesten in das Modell der Zeitspirale, v.a. wenn man das Phänomen der eigenen Lebenszeit, wie Momo sie in ihrem Herzen erlebt, betrachtet. Allerdings fehlt bei Ende, im Gegensatz zu Augustin, die für das Modell der Zeitspirale so wichtige Darstellung von Vergangenheit und Zukunft als bloße Erinnerung und Erwartung,. Daher scheint Endes Zeitverständnis, v.a. auch aufgrund seiner Betonung des Zusammenhangs von Zeit und Vergänglichkeit, wie sie an den Stundenblumen in Momos Herzen zu erleben ist, eher das Modell des Zeitstroms mit seinem von uns zu beobachtenden Fortschreiten der Zeit zugrunde zu liegen.

---

[206] Auch Augustin untersucht, wie bereits dargestellt, das Phänomen der Prophetie, des 'Sehens in die Zukunft', doch er möchte mit seiner rationalen Erklärung dafür im 24.+25. Kapitel lediglich aufzeigen, daß es bei Gott keine Dreiteilung von Vergangenheit, Gegenwart und Zukunft gibt.

[207] Momo sagt: "Man (kann) meinen, daß es überhaupt nur einen von den drei Brüdern gibt: nämlich die Gegenwart, oder nur Vergangenheit und Zukunft. Oder eben gar keinen, weil es ja jeden bloß gibt, wenn es die anderen auch gibt!" (Ende, M., *Momo*, S. 157)

[208] Das Rätsel Meister Horas vermittelt m.E. den starken Eindruck, daß Ende Augustins Zeitabhandlung im XI. Buch der *Confessiones* kannte und evtl. sogar teilweise als Vorlage für seine Ideen verwendete.

[209] "Denn jetzt zum Beispiel, dieser Augenblick – wenn ich darüber rede, ist er ja schon wieder Vergangenheit!" (Ende, M., *Momo*, S. 156/57)

Wie bereits dargestellt, läßt sich auch Eilert Herms' Zeitvorstellung- und Darstellung schlecht einem der drei ursprünglich gegebenen Zeitmodelle zuordnen. Ebenso wie Endes Zeitdarstellung ist auch die von Herms am ehesten mit dem Modell der Zeitspirale vergleichbar, allerdings fehlt bei Herms genauso wie bei Ende die Vorstellung von Vergangenheit und Zukunft als Punkte in der Spirale, deren Bezug zur Gegenwart durch Erinnerung und Erwartung gegeben ist. Bei der Darstellung der Unterschiede zwischen Augustins und Herms' Vorstellungen von Vergangenheit und Zukunft (vgl. 9.3) ist bereits deutlich gemacht worden, wie Herms diese beiden Aspekte der Zeit im Gegensatz zur Gegenwart einordnet. Daher ist es offensichtlich, daß Herms' Zeittheorie keinem der drei gängigen Modelle zuzuordnen ist, weshalb schon am Ende der Darstellung von Herms' Essay (vgl. 8.4) der Versuch gemacht wurde, ein eigenes graphisches Modell von Herms' Zeitvorstellung zu entwerfen.

Letztlich zeigt die Schwierigkeit der Einordnung von Endes und Herms' Zeitvorstellung deutlich auf, daß alle Zeitmodelle begrenzt sind und man u.U. zwei oder alle drei Modelle nebeneinander stellen und miteinander verflechten oder gar ein neues Modell entwerfen muß, um – wie bei Ende und Herms – die Zeitvorstellung- und Darstellung einer Person zumindest teilweise erfassen zu können.

Trotz der vielen Unterschiede im Hinblick auf die Existenz Gottes und die Vorstellung vom 'Jenseits' ist Augustins, Michael Endes und Eilert Herms' Versuchen, das Phänomen 'Zeit' zu verstehen und den Lesern darzustellen, ein äußerst wichtiger Aspekt gemeinsam: In allen drei Werken ist die Zeit nicht ganz greifbar und bleibt, egal ob als Fluß, Spirale oder völlig anders gedacht, in ihren drei Erscheinungsformen von Vergangenheit, Gegenwart und Zukunft, die zusammen doch eins sind, rätselhaft. Aus dieser Rätselhaftigkeit heraus suchen alle drei 'Philosophen' nach etwas 'Höherem', von dem die Zeit herkommen muß. Obwohl dieses Höhere unterschiedlich gedacht und dargestellt wird – für Augustin und Herms ist es der christliche, personale Gott, für Ende der Kosmos –, wird doch aus allen drei Werken spürbar deutlich, wie klein der Mensch ist und wie abhängig er von dem rätselhaften Phänomen 'Zeit' ist, das er lediglich erleben, nicht aber wirklich (be-) greifen oder beeinflussen kann. Alle drei Werke können daher eine Hilfe sein, um sich mit der Frage nach der Zeit auseinanderzusetzen, ins Nachdenken und Staunen zu kommen und zu einem neuen Bewußtsein über die Zeit und ihr Erleben zu gelangen.

10 Bewertung

Nach der neutralen Darstellung von Augustins, Michael Endes und Eilert Herms' Zeitverständnis sowie deren Vergleich möchte ich nun die Vorstellungen von Zeit, Ewigkeit, Tod und Gott in den drei Werken aus eigener Sicht bewerten und z.t. vom christlich-theologischen Standpunkt anhand der Bibel in Frage stellen.

10.1 Bewertung von Augustins Zeitverständnis

10.1.1 Unterscheidung von Bewegung und Dauer der Bewegung

Im 29. bis 31. Kapitel differenziert Augustin die Bewegung eines Körpers und die Dauer der Bewegung, wodurch er verdeutlicht, daß Bewegung und Zeit nicht identisch sind. Diese Differenzierung von Dauer und Bewegung ist logisch, da Ereignisse nicht gleichzusetzen sind mit ihrer Zeitdauer. Dennoch erscheint mir Augustins Unterscheidung zwischen Bewegung und Dauer zu extrem, da ohne Zeit kein Ereignis und keine Bewegung stattfinden könnte. Sein Versuch, diesen Gegensatz herauszuarbeiten und den Tag – also die Zeit – entweder der Bewegung der Sonne oder aber der Dauer der Bewegung zuzuordnen, ist für mich aufgrund seines gewählten Beispiels von der sich weiterdrehenden Töpferscheibe beim Stillstand der Himmelskörper nicht vollständig nachvollziehbar. Mit diesem Beispiel möchte Augustin deutlich machen, daß, wie bereits angedeutet[210], zwar die Bewegung von Körpern von der Zeit abhängig und ohne diese nicht möglich ist, umgekehrt aber die Zeit unabhängig von Bewegung ist und auch ohne jegliche Bewegung von (Himmels-) Körpern weitergehen kann. Dem würde ich zustimmen, da die Bewegung der Gestirne freilich nicht die Voraussetzung für das Voranschreiten der Zeit oder gar diese selbst ist und es theoretisch sicherlich richtig ist, daß die Zeit fortschreitet könnte, während alles andere außer ihr selbst still stünde.

Dennoch halte ich Augustins Beispiel von der Töpferscheibe und den Himmelskörpern als 'Beweisführung' für unglücklich gewählt, denn der hypothetische Stillstand der Gestirne würde m.E. wohl doch auf den Stillstand der Zeit und damit allen Lebens hindeuten. So logisch die Unabhängigkeit der Zeit von jeglicher Bewegung auf theoretischer Ebene auch sein mag, so undenkbar scheint mir dieser Fall jedoch in der uns umgebenden Realität zu sein, wo Bewegung und Dauer bzw. das Fortschreiten von Zeit stets gemeinsam erlebt werden und die absolute Bewegungslosigkeit der

---

[210] Vgl. Kap. 6.8 und 8.3 dieser Arbeit.

Objekte bei gleichzeitigem Voranschreiten der Zeit, zumindest in unserem alltäglichen Erfahrungshorizont, kaum vorzukommen scheint[211]. Daher würde ich, nicht im Widerspruch zu Augustin, aber aus dem subjektiven menschlichen Erleben heraus, sagen, daß Bewegung und Bewegungsdauer nicht so stark trennbar sind, wie Augustin es darstellt, da m.E. jede Bewegung ihre Dauer mit einschließt und beides zusammen ohne die Zeit nicht möglich wäre[212]. Bereits Aristoteles schrieb: "Die Zeit ist die Summe aller Bewegungen"[213], was in meinen Augen den Unterschied, aber auch die Zusammengehörigkeit, den Zusammenhang und den Bezug zwischen Zeit und Bewegung klarer verdeutlicht als deren absolute Trennung wie bei Augustin.

Im Gegensatz zur Unabhängigkeit der Zeit von Bewegung, die bei Ende nicht direkt vorkommt, wird die Abhängigkeit der Bewegung von Zeit in *"Momo"* sehr anschaulich dargestellt. Der Stillstand des Lebens während des Stillstands der Zeit wird, wie bereits erwähnt (vgl. 9.2), im 21. Kapitel, in dem Meister Hora schläft und die Zeit stillsteht, hervorragend verdeutlicht: Alle Körper (außer Momo mit ihrer Stundenblume) sind kalt, starr und unbeweglich, nicht einmal der Kakao in der Tasse läßt sich umrühren, geschweige denn eine angelehnte Tür sich auch nur um Millimeter bewegen[214]. Diese von Ende beschriebene unumgängliche Bewegungslosigkeit von Körpern während des Stillstands der Zeit ist nach meinem Gefühl viel eher vorstellbar und nachvollziehbar als die von Augustin beschriebene theoretische Möglichkeit des Fortschreitens der Zeit während des absoluten Stillstands jeder Bewegung.

Somit kann und soll Augustins Betonung des Unterschieds von Bewegung und Bewegungsdauer zwar nicht widersprochen werden, dennoch scheint mir seine Darstellung zu theoretisch konstruiert und daher zu extrem. Hört die Zeit auf, darin kann ich Michael Endes anschaulicher Darstellung eher folgen und eher als mit Augustins betonter Differenzierung übereinstimmen, so hört auch jede Bewegung auf und das Leben auf Erden steht still.

---

[211] Im Gegenteil, dort, wo wir z.B. aufgrund eines Unfalls oder Krankheit zur Bewegungslosigkeit verurteilt sind und auch unsere Umgebung uns wenig Abwechslung und Bewegung bietet, dort scheint uns, zumindest subjektiv, die Zeit vor Langeweile oft still zu stehen, so daß wir vom Gefühl her die Zeit eher von der Bewegung von Dingen abhängig machen würden.

[212] Auch K. Flasch hält die Kapitel 30-33 in Bezug auf die Unterscheidung von Dauer und Bewegung für "nicht frei von Zweideutigkeit". (Flasch, K., *Was ist Zeit*, S. 217f)

[213] Aristoteles, *Physik*, IV, 11, 219b, In: Lévinas, E., *Gott, der Tod und die Zeit*, S. 37

[214] Ende, M., *Momo*, S. 248

10.1.2 Prophetie

Augustins rationale Erklärung für die Möglichkeit von Zukunftsvoraussagen aufgrund von Anzeichen in der Gegenwart stellt im 24. Kapitel sehr deutlich den Kontrast von Zukunft und Gegenwart sowie deren Verknüpfung durch unsere Vorstellungskraft dar. Dennoch ist damit das Phänomen der Prophetie, wie es im AT vorkommt, nicht erklärt, da den Propheten nach atl. Verständnis das Wissen um Zukünftiges von Gott selbst eingegeben wurde, was oft unabhängig davon war, ob schon gegenwärtige Zeichen sichtbar waren oder nicht. Gleichzeitig war der Auftrag der Propheten viel umfassender als lediglich das Voraussagen der Zukunft: Sie sollten einerseits das Volk Israel von seinen falschen Wegen zurück in eine Gottesbeziehung rufen und vor Gottes Strafen warnen, wenn es sein gottloses und unrechtes Verhalten nicht ändere[215], andererseits sollten sie im Exil das Volk trösten und ihm Hoffnung auf eine Rückkehr und einen Wiederaufbau Jerusalems machen[216]. Diese Warnungen und Trostworte der Propheten beruhten selbstverständlich auf gegenwärtigen 'Zeichen' und Verhaltensweisen des Volkes, doch sie gingen zugleich darüber hinaus und wurden als ein Sprechen und Sehen von Zukünftigem in Gottes Namen und aus seiner Kraft heraus gedeutet. Diese Prophezeiungen lassen sich m.E. nicht auf Augustins "Vorstellung im Geist" (*imaginatio in animo*) reduzieren und häufig auch nicht mit bloßen Deutungen der gegenwärtiger Zeichen für zukünftiges Geschehen erklären.

Im 25. Kapitel betont Augustin selbst den Einfluß von Gottes "Lehren" (*docere*) auf die Propheten und deren Aussagen und fragt sich, wie Gott seinen Propheten noch nicht existierendes Zukünftiges eingeben könne. Doch wird diese Frage in den restlichen Kapiteln weder nochmals aufgegriffen noch beantwortet, sondern scheint eher eine rhetorische Funktion zu haben. Daher deckt Augustins Darstellung von Prophetie meiner Meinung nach dieses Phänomen nicht völlig ab und klärt die Frage nicht, ob und wie wirkliche Prophetie, die nicht lediglich auf dem Deuten gegenwärtiger Zeichen für die Zukunft beruht, möglich ist. Diese ungeklärte Frage ist nach meinem Verständnis die einzige Lücke in Augustins ansonsten logischem und zusammenhängenden Gedankengang über die Zeit in seinem XI. Buch der *"Confessiones"*.

---

[215] Siehe z.B. die Warnung oder Androhung von Zerstörung gegen die Städte Tyrus (Hes 26,3-21), Samaria (Hos 14,1 u. Mi 1,6), Edom (Jes 34,6-15, Jer 49,17f, Hes 25,13f) und Ninive (Nah 1,8-3,19). (vgl. McDowell, J., *Die Bibel im Test*, S.400ff)

[216] Siehe z.B. die Trostworte des Deuterojesaja an Juda im babylonischen Exil (Jes 40-55, v.a. Jes 52,7ff).

10.2 Bewertung der zentralen Vorstellungen von Zeit, Tod und Ewigkeit in *"Momo"* anhand der Bibel

Beim ersten Lesen, zumal mit den Augen eines Kindes oder Jugendlichen, wirkt *"Momo"* in erster Linie wie ein Plädoyer für mehr Zeit und Menschlichkeit und wie ein Aufruf an die Erwachsenen, nicht auf den Versuch, Zeit sparen zu wollen, hereinzufallen und dadurch schließlich kalt und leblos am Leben vorbeizuhasten. In diesem Sinne ist dieses Buch eine realitätsnahe und wachrüttelnde Kritik an unserem heutigen westlichen Lebensstil, mit der wohl fast jeder Leser übereinstimmen wird.

Allerdings ist dieser Roman nicht ganz so unkompliziert und unproblematisch, wie er zunächst erscheinen mag. Michael Ende verwendet in seiner Literatur, wie bereits aufgezeigt, zahlreiche Bilder und Symbole aus mystischen, okkulten oder fernöstlichen Praktiken, mit denen er sich viel beschäftigte, wie er selbst 1981 in einem Interview mit der Wochenzeitung "Die ZEIT" sagte: "Ich habe mich seit nahezu dreißig Jahren sehr intensiv mit nahezu allen okkulten Systemen der Welt beschäftigt, vom Zen-Buddhismus bis zu den Rosenkreuzern und den Alchemisten und der Kabbala und der Antroposophie Rudolf Steiners."[217] Aus dieser Beschäftigung entwickelte Ende eine sich immer wieder verändernde Lebensanschauung, die nicht einer bestimmten Religion oder Ideologie zugeordnet werden kann, sondern, geprägt vom New-Age-Gedanken, aus Elementen vieler verschiedener Religionen, Sekten und Glaubenssysteme synkretistisch zusammengesetzt ist, die jedoch m.E. vom christlichen Standpunkt her in einigen Punkten hinterfragt werden sollte:

10.2.1 Das Universum: Göttliche Macht oder Teil der Schöpfung?

Unter anderem hat Ende in diese Anschauung den Grundgedanken der Astrologie integriert, der davon ausgeht, daß die Sterne und Planeten entsprechend ihren Namen und ihrer Konstellation – ihrem "Zusammenwirken" – unsere Lebenszeit und unser menschliches Geschick beeinflussen[218]. Mehr noch, Ende gesteht dem Universum selbst, wie oben dargestellt, Gott-ähnliche Charakteristika zu[219], was mit dem ur-

---

[217] *"Die ZEIT"* Nr. 24, 5.6.1981, S.46

[218] "Es waren Sonne und Mond und die Planeten und alle Sterne, die ihre eigenen, ihre wirklichen Namen offenbarten. Und in diesen Namen lag beschlossen, was sie tun und wie sie alle zusammenwirken, um jede einzelne dieser Stunden-Blumen entstehen und wieder vergehen zu lassen." (Ende, M., *Momo*, S. 164)

[219] "Und auf einmal begriff Momo, daß alle diese Worte an *sie* gerichtet waren! Die ganze Welt bis hinaus zu den fernsten Sternen war ihr zugewandt wie ein einziges, unausdenkbar großes Gesicht, das sie anblickte und zu ihr redete!" (Ende, M., *Momo*, S. 164)

sprünglichen, tieferen Selbstverständnis der Astrologie übereinstimmt. Bei diesem astrologische Glauben werden die Sterne nicht nur zu Wahrsagezwecken gebraucht, sondern die Astrologie gilt als "das Wissen um das Licht", als ein Mittel zur Erkenntnis des Menschen, daß er im Einfluß seiner Umwelt und des Kosmos steht, der sich durch den "Reigen der Zeitalter bewegt"[220]. Darum wird die Astrologie auch "die Wissenschaft von der Zeit" oder, wie im Indischen, "**Hora**-Shastra" genannt.

Vom biblischen Standpunkt her ist der Glaube an den Schöpfer-Gott, wie er in Gen 1-2 bezeugt wird, m.e. nicht vereinbar mit dem Glauben an eine Welt, deren "einziges, undenkbar großes Gesicht" uns "zugewandt" ist, uns "anblickt" und zu uns "redet", denn diese Welt ist selbst nur Geschöpf Gottes und nicht mit diesem gleichzusetzen. In dem Maße, wie das Volk Israel zu atl. Zeiten seinen Glauben an den einen Gott, beginnend mit der Schöpfungsgeschichte, gegen die umliegenden Religionen abgrenzte, deren Götter (Naturphänomene wie Winde, Meer, Gewitter, Gestirne usw.) entmystizierte und als Geschöpfe des ewigen und einzigen Schöpfer-Gottes darstellte, genauso kehrt Ende diesen jüdisch-christlichen Glauben wieder um, mystifiziert die Schöpfung und macht sie dem Schöpfer gleich. Damit ist auch die Zeit für Ende nicht mehr endlicher Teil der Schöpfung, sondern ein unendliches, geheimnisvolles Glied des Universums. Diese Vergöttlichung widerspricht m. E. dem ersten der Zehn Gebote[221], keine anderen Götter neben Gott zu haben und anzubeten.

Gleichzeitig verstößt Ende auch gegen das atl. Verbot von 'Astrologie'[222] und Zeichendeuterei, wenn er den geschaffenen Planeten magische Kräfte und Einfluß auf das menschliche Leben zuschreibt. Der Glaube an den Gott des AT und des NT, der unser Leben und unsere Zeit in seinen Händen hält[223], schließt in meinen Augen den Glauben an die Macht eines von den Sternen oder dem Universum bestimmten Schicksals, wie Ende es darstellt, aus.

---

[220] Bauer, W., *Lexikon der Symbole*, S. 280
[221] Ex 20,1-6
[222] Vgl. Ex 22,17; Lev 19,26b.31; 20,6.27; Dtn 18,10-11.14
[223] Vgl. Ps 31,16

10.2.2 Der Tod: Gott-ähnlich oder gottwidrig?

Doch nicht nur der Kosmos erhält bei Ende göttliche Attribute, sondern auch der Tod, Meister Hora, wird vergöttlicht. Übereinstimmend mit dem christlichen Glauben nennt Michael Ende den Tod das Ende der Lebenszeit und erwartet danach ein positives 'Jenseits'; Gott kommt in diesem jedoch nicht vor. Ferner zeichnet Ende ein sehr gutes Bild von Meister Hora, dem Tod, vor dem man keine Angst haben müsse. Auch vom christlichen Blickwinkel aus muß man als Glaubender das, was nach dem Tode kommt, nicht fürchten, sondern darf sich auf eine Ewigkeit bei Gott freuen[224]. Dennoch ist und bleibt der (leibliche) Tod aus christlicher Sicht die Begrenzung irdischen Lebens, was zwar durchaus auch als Gnade und Erlösung aus diesem von Sünde und Leid gekennzeichneten Leben gesehen werden kann[225], was aber auch zu Abschied, Trauer und Unsicherheiten führt, so daß das Sterben als solches im christlichen Glauben durchaus nicht beschönigt wird. Im Gegenteil, der leibliche Tod wird in der Bibel immer wieder auch als mögliches Tor zum ewigen, geistlichen Tod gesehen, der als Folge der Auflehnung des Menschen gegen Gott und sein Gebot gedeutet wird, was v.a. in der Geschichte vom Sündenfall in Gen 3 deutlich wird: Hier müssen Adam und Eva zwar nicht sofort leiblich sterben, nachdem sie von der verbotenen Frucht gegessen haben, doch sie verlieren das Paradies, d.h. die absolut enge, ungetrübte Gemeinschaft mit Gott, und treten somit symbolisch in den Machtbereich des Todes, des leiblichen sowie des inneren, geistlichen Todes, ein. Da Gott 'das Leben'[226] ist, führt die Abwendung von Gott zwangsweise in den Tod, der durch diese 'Gottlosigkeit' eine neue, zerstörerische Qualität erhält[227]. Dementsprechend kann man zwar vom Tod als – teilweise angenehme – Begrenzung der Lebenszeit sprechen[228], er beinhaltet aber gleichzeitig auch die Dimension der Gottesferne als Folge der Abkehr von Gott, wie sie im Sündenfall geschildert wird, so daß der Tod in der Bibel durchaus nicht grundsätzlich nur als positiv dargestellt wird[229]. Daher ist der in *"Momo"* als lieber und gütiger Meister Hora gezeichnete Tod eine teilweise Verfälschung der biblisch-christlichen Lehre, die vom Tod überdies niemals, wie Meister Hora sich selbst bezeichnet, als "Verwalter" der Lebenszeit sprechen würde; dies ist für den Glaubenden nicht der zerstörerische, gottwidrige Tod, sondern Gott.

---

[224] Vgl. Phil 1,21; Rev 14,13

[225] Vgl. z.B. I Kön 19,4; Hiob 3,21f; Rev 14,13

[226] Vgl. z.B. Gen 2,7; Ps 36,10; Joh 1,4; Joh 11,25; Joh 14,6; I Joh 5,12

[227] Vgl. Douglass, K., *Glaube hat Gründe*, S.89f

[228] Sofern man lediglich vom leiblichen Tod spricht, nicht vom ewigen, geistlichen Tod.

[229] Auch in den Psalmen wird der (geistige und z.T. auch der leibliche) Tod als Folge "unserer Missetaten" (Ps 90,8) und als Mahnung an die Menschen, sich nicht selbst zu überschätzen und in falscher Sicherheit für Gott gleich und unsterblich zu halten (vgl. Ps 39,5-7), verstanden. Im NT

10.2.3 Das Geheimnis der Zeit

Dennoch ist Michael Endes Darstellung der 'Zeit', trotz seiner – aus christlicher Sicht – Verdrehung von Gut und Böse, von Gott und der "gottwidrigen Macht"[230] des Todes, m.e. sehr gelungen. Das Rätsel, das Meister Hora Momo stellt, macht die Zeit in ihrer geheimnisvollen Einheit von Vergangenheit, Gegenwart und Zukunft deutlich; Momos Versuch, es zu lösen, kann evtl. so manchem von uns Lesern zeigen, wie wenig man im Gegensatz zu Ende von diesem Geheimnis verstanden hat.

Endes Ideenreichtum, die Wirkung von Raum und Zeit sowie das Geheimnisvolle an der Zeit bildlich aufzuzeigen, ist beeindruckend und wird schon an den wenigen aufgeführten Beispielen, wie dem diffusen Licht und dem Rückwärtsgehen in der "Niemals-Gasse", an den Stundenblumen oder an der Fähigkeit Kassiopeias, die Zukunft vorauszusehen, deutlich.

Daher kann man sich, wie ich meine, durchaus auf Endes Versuch, die Zeit bildlich in einem Roman darzustellen, einlassen und mit Momo staunen, wenn sie die Zeit in ihrem eigenen Herzen erlebt. Momos Gefühl von Ehrfurcht gegenüber dem Geheimnis von Zeit und Ewigkeit kann man, denke ich, auch als Christ – wenngleich mit kritischem Bewußtsein gegenüber Endes Weltbild – durchaus nachempfinden.

10.3 Bewertung von Eilert Herms' Essay

10.3.1 Aufbau und Stil des Essays

Bevor Eilert Herms' Essay *"Meine Zeit in Gottes Händen"* inhaltlich bewertet wird, sollen einige Bemerkungen zu Form und Stil dieses Werkes gemacht werden.

Die Idee, eine christlich-philosophische Zeitdarstellung als Exegese von Ps 31,16 zu gestalten und anhand dieses Verses "Meine Zeit steht in Gottes Händen" in die drei Teile 'Zeit', *'Meine* Zeit' und 'In Gottes Händen' zu gliedern, ist äußerst bemerkenswert und gibt dem Essay einen übersichtlichen Rahmen.

Allerdings ist es m.e. mit dieser Übersichtlichkeit bald vorbei, wenn man sich näher in das Werk vertieft. Besonders der erste und längst Teil über 'Zeit' allgemein, der nicht im geringsten weiter untergliedert oder mit Abschnittsüberschriften versehen

---

wird der (geistige, ewige) Tod abermals als Folge des Sündenfalls und der Sündhaftigkeit des Menschen bezeichnet (vgl. Rö 5,12-14; 6,23; I Kor 15,21.56), der den leiblichen Tod nach sich zieht, der zwar durch Jesus Christus und seine Auferstehung schon besiegt ist (vgl. I Kor 15,21.55-57), aber erst mit dem neuen Himmel und der neuen Erde abgeschafft sein wird (vgl. I Kor 5,26; Rev 21,4).

[230] Berger, K., *Heilung durch magische Phantasien?*, S.62

ist, wirkt beim ersten Lesen völlig unübersichtlich und ist daher schwer verständlich. Zwar könnte man einwenden, daß das Essay, wie eingangs erwähnt, ursprünglich als Referat für eine theologische Fachtagung konzipiert wurde, doch gerade dann fragt man sich, wie die Zuhörer diesem Vortrag folgen konnten, wenn er im ersten Teil keinerlei Übersichtlichkeit darbot. Spätestens zur Herausgabe des ursprünglichen Referats in Form eines Aufsatzes in dem Jahrbuch *"Zeit und Schöpfung"*, das aus dieser Fachtagung hervorging, wäre es von Vorteil gewesen, das Referat für die Leser dahingehend zu überarbeiten, daß durch einen stärker gegliederten Aufbau optisch und damit auch inhaltlich mehr Übersichtlichkeit und Verständlichkeit herrscht.

Auch der Stil des Essays lädt m.E. nicht besonders zum Lesen ein und macht das Werk äußerst schwer verständlich. Da das Thema 'Zeit' an sich bereits äußerst schwierig und komplex ist, wie die zahlreiche Literatur von Philosophen, Theologen, Psychologen, Physikern usw. zeigt, würde man sich wünschen, daß das Verständnis dieses Phänomens 'Zeit' nicht noch zusätzlich durch einen verworrenen und befremdlichen Stil erschwert wird. Als Beispiel für diesen Stil seien hier zwei knapp aufeinanderfolgende Sätze zitiert, die die Schwierigkeit des Textes aufgrund ihrer Satzlänge, der 'Wortungetüme' mit vielen Bindestrichen und der zahlreichen Wortwiederholungen klar zutage treten lassen:

> *Der Ausdruck "Zeit" meint als Bezeichnung eines wahrheitsfähigen prädikablen Sachverhalts nicht irgendeinen der besonderen Sachverhalte, die für uns als durch uns zu erkennende und zu bestimmende erscheinen, sondern er meint eben* dieses *Erscheinen von allem möglichen derartigen besonderem Erscheinenden für uns als durch uns zu erkennendem und zu bestimmendem, und zwar genau* dieses *Erscheinen in seinem eigenen Prädikabelsein, also in seinem* Erscheinen *für uns als durch uns zu erkennender und zu bestimmender Sachverhalt. [...] Der wahrheitsfähige prädikable Sachverhalt, auf den der Ausdruck "Zeit" verweist, ist als das* Erscheinen *von* diesem *Erscheinen-von-Besonderem-für-unsereinen-als-durch-unsereinen-zu-erkennendem-und-bestimmendem für eine zu seiner Erkenntnis fähige Instanz* als *durch sie zu erkennender und sie zu bestimmender Sachverhalt.*[231]

Das Zitat macht deutlich, daß in dem Aufsatz großer Wert auf die genaue Bedeutung der einzelnen Wörter und Ausdrücke gelegt wird und daß eine einmal gefundene Formulierung oder gegebene Definition unter keinen Umständen verändert werden darf, da sonst die Bedeutung einer Phrase und der Sinn des jeweiligen Gedankens 'ver-rückt' werden könnte. Vor diesem Hintergrund, der einem Wunsch nach größtmöglicher Genauigkeit von Definitionen und nach Präzision in Bedeutung und damit

Sinn und Inhalt von Wörtern entspringt, ist Herms' Stil mit dem 'Kleben' an bestimmten Formulierungen, die in jedem Satz 'mitgeschleppt' werden müssen, zwar
verständlich – aber nach meinem Dafürhalten nicht notwendig und eine Zumutung
für den Leser. Dieser wäre, wie ich denke, durchaus in der Lage, eine bereits gegebene Definition zu behalten und die verschiedenen 'Unter-Bedeutungen' eines Begriffes
beim weiteren Lesen mitzudenken, ohne daß der Sinn einer darauf aufbauenden Aussage für ihn dadurch verdunkelt würde. Im Gegenteil: Die Konvention der Sprache
verlangt, daß eine Rede oder ein Text dadurch voranschreitet, daß bereits Gesagtes
als verstanden gilt und deshalb nicht ständig wiederholt werden muß – schon gar
nicht als 'Rattenschwanz-Begriffe', wie sie sich bei Herms zuhauf finden und die, statt
zu größtmöglicher Klarheit zu führen, äußerste Verwirrung stiften.

Zudem werden leider nicht immer alle ständig wiederkehrenden Wendungen klar
definiert – m.E. bleibt z.B. bis zum Ende unklar, ob Herms einen Unterschied zwischen 'Erscheinen von *Bestimmtem*' und 'Erscheinen von *Einzelnem*' macht, oder ob
er die beiden Formulierungen synonym verwendet[232] –, so daß trotz quasi formelhaf-
ter Wiederholungen bestimmter Ausdrücke aus Furcht vor Mißverständnissen diese
nicht immer ausgeschlossen werden können.

Daher wird das Ziel äußerster Präzision mangels genauer Definitionen in einigen
Punkten sowie gerade wegen der sich ständig wiederholenden Definitionen an anderen Stellen m.E. nicht erreicht.

Insgesamt erweckt der Stil des Essays den Eindruck, daß einfache Sachverhalte
kompliziert ausgedrückt werden, anstatt daß Kompliziertes vereinfacht wird, wie es
von dem Thema 'Zeit' her nötig wäre. Gleichzeitig wird dem Leser von Herms' Werk
aber auch deutlich, wie wichtig es für die Genauigkeit und Verständlichkeit eines
Textes ist, präzise zu formulieren, und daß auch scheinbar selbstverständliche Inhalte
geklärt und klar definiert werden müssen[233], worum Herms sich zwar in allen Punkten
eindeutig bemüht, allerdings leider das Gegenteil – nämlich höchste Unverständlich-
keit – erreicht.

---

[231] Herms, E., *Meine Zeit in Gottes Händen*, S. 72
[232] Aus dem persönlichen Gespräch mit Herms in seiner Sprechstunde am 23.2.2000 in Tübingen
weiß ich inzwischen, daß er die beiden Ausdrücke synonym gebraucht.
[233] Beispielsweise macht Herms deutlich, daß die 1. Pers. Sg. in der Formulierung '*meine* Zeit' eine
Kollektivbedeutung im Sinne von 'Zeit *jedes einzelnen Menschen*' trägt.

10.3.2 Herms' Pointe: Axiom von Gott als dem Urheber des Erscheinens und der Zeit

Im ersten Teil seines Essays führt Herms seine Leser über die verschiedenen Möglichkeitsbedingungen für das Erscheinen 1. und 2. Ordnung – der Mensch als Voraussetzung für das Erscheinen des *Erscheinenden*, nicht aber für das Erscheinen des *Erscheinens* (des Erscheinenden) – zu dem Punkt der Erkenntnis, daß es eine höhere, dem Menschen überlegene Instanz geben muß, der das Erscheinen des *Erscheinens* erscheint, wenn es nicht dem Menschen erscheint. Diese Kette von auseinander hervorgehenden Überlegungen ist durchaus logisch.

Der nächste Schritt jedoch, in dem Herms diese 'höhere Instanz' "in Anlehnung an den christlichen Sprachgebrauch"[234] 'Gott' nennt, folgt m.E. etwas überraschend. Bis zu diesem Punkt war der erste Teil des Essays nämlich völlig 'ideologiefrei' und stellte lediglich eine abstrakt-theoretische Abhandlung über das Phänomen 'Zeit' dar. Nun wird man plötzlich daran erinnert, daß einem eine christlich-theologische Zeitdarstellung vorliegt, so daß Herms' theologische Entscheidung, diese 'höhere Instanz' 'Gott' zu nennen, im ersten Moment selbstverständlich erscheint. Doch wenn man betrachtet, daß in dem Essay bisher alles hinterfragt und jedes Wort erklärt und begründet wurde, so scheint Herms' Rechtfertigung etwas blaß:

Das Recht dieser terminologischen Entscheidung unterstelle ich hier einmal, ohne es weiter zu begründen und ohne allen Sachimplikationen dieses christlichen Sprachgebrauchs nachzugehen.[235]

Lediglich in einer Fußnote begründet Herms das Recht zu seiner Entscheidung, die höhere Instanz 'Gott' zu nennen. Er erklärt, daß der "durchgehend selektive Charakter"[236] des Erscheinens zeigt, daß der "ursprüngliche und notwendige Empfänger allen Erscheinens auch [...] der schlechthin ursprüngliche, absolute Selektor – oder [...] der selektive Ursprung – [...]"[237] sein muß, was im christlichen Glauben Gott, der "creator omnium ex nihilo"[238] ist. Somit muß Gott auch Ursprung der Zeit als Erscheinen des *Erscheinens* sein.

Diese Argumentationskette von Herms erinnert ein wenig an den sog. 'kosmologischen Gottesbeweis', der besagt, daß alles auf der Erde eine Ursache hat und daß man, wenn man die Kette der Ursachen stetig weiter zurückverfolgt, zur ersten und ur-

---

[234] Herms, E., *Meine Zeit in Gottes Händen*, S. 80
[235] Ebd.
[236] Ebd., Fußn. 26
[237] A.a.O., S. 90
[238] Ebd.

sprünglichen Ursache alles Seins gelangt, welche Gott sein muß[239]. Doch weder Herms noch dieser 'Gottesbeweis' begründen letztlich, warum der 'selektive Ursprung allen Erscheinens' (einschließlich der Zeit) bzw. die 'ursprüngliche Ursache' ausgerechnet Gott – und warum genau der jüdisch-christliche Gott – sein sollte. Schließlich könnte diese 'höhere Instanz', der das Erscheinen erscheint und die der Ursprung allen Erscheinens ist, auch 'das Schicksal', 'das Nichts' oder der gesamte Kosmos wie bei Michael Ende sein.

Neben der Schwierigkeit, Herms' theologische Entscheidung, die ursprüngliche Ursache allen Erscheinens 'Gott' zu nennen, bis ins Detail nachzuvollziehen, wirft seine Formulierung m.E. noch eine weitere Frage auf. Herms schreibt:

Das Erscheinen zweiter Ordnung ist ursprünglich und notwendig konstituiert als Erscheinen für Gott.[240]

Und an anderer Stelle:

Sachlich besteht die Selekton darin, daß aus dem für Gott erscheinenden [...] Realfall des Erscheinens [...] durch Gott selbst bestimmte Möglichkeiten realisierend gewählt sind, so daß nun im Horizont des beschriebenen für Gott erscheinenden Realfalls [...] für Gott der (durch ihn) näher bestimmte Realfall erscheint.[241]

Diese beiden Zitate lassen erkennen, daß Herms das *Erscheinen* des Erscheinenden für uns Menschen als primär für Gott erscheinend ansieht. Daraus ergibt sich nun die Frage, **woher** dieses Erscheinen für Gott erscheint. Herms stellt dar, daß Gott nicht passiv Erleidender des Erscheinens ist wie wir Menschen, sondern daß er aktiv am Erscheinen Beteiligter bzw. dessen Urheber ist. Doch wie kann jemand – und sei dieser 'jemand' Gott – das Erschienen gleichzeitig verursachen, d.h. hervorbringen, und erleben? Ist ein Wesen, dem das Erschienen erscheint, nicht automatisch Erleidender und damit Geschöpf?

Andererseits kann es keine Instanz über Gott geben, die das Erscheinen für Gott verursacht, so daß es ihm erscheinen kann, da Gott in diesem Falle nicht mehr 'höchste Instanz', also per definitionem nicht mehr Gott wäre.

---

[239] Vgl. *Kursbuch Religion*, S. 185
[240] Herms, E., *Meine Zeit in Gottes Händen*, S. 80 (Unterstreichung von mir)
[241] A.a.O., S. 81 (Unterstreichung von mir)

Herms sagt selbst aus, daß, wenn man "die Kette des analogen Abhängigseins"[242] vom Erscheinen – wie wir Menschen vom Erscheinen abhängig sind – lediglich nach oben fortsetzen würde, Gott auch abhängig und nicht mehr Urheber des Erscheinens wäre. Da aber laut Herms Gott über alle von ihm selbst gesetzten Bedingungen verfügt, wohingegen wir unter von ihm vorgegebenen Bedingungen tätig sind, *muß* er schöpferische Allmacht besitzen und kann nicht passiv Erleidender des Erscheinens sein[243].

Meiner Ansicht nach liegt hier ein Zirkelschluß vor, durch den nicht erklärt werden kann, <u>woher</u> Gott das Erscheinen erscheint und wie es sein kann, daß Gott das Erscheinen auf der einen Seite <u>hervorbringt</u>, auf der anderen Seite aber selbst <u>erlebt</u>, um es dann uns Menschen zuzuteilen.[244]

Da Herms argumentiert, daß in diesem Essay "nicht reflektiert werden soll, ob und warum Gott allmächtig ist"[245], bleibt in meinen Augen leider die Frage nach dem <u>Ursprung des Erscheinens</u> für Gott – sozusagen nach dem Ursprung des Ursprungs, da dieser Ursprung als Erlebender des aus dem Ursprung kommenden Erscheinens dargestellt wird – offen.

Auch Herms' 'Pointe' am Ende seines gesamten Essays, die darin besteht, daß der Mensch aus dem "weltkonstituierenden Personsein"[246] Gottes heraus existiert und daß die Zeit von Gott geschaffen und somit Gott Ursprung und Schöpfer der Zeit ist, baut auf diesem Axiom des Autors auf, daß Gott die ursprüngliche Ursache des Seins ist. Doch an keinem Punkt in diesem Essay wird dieses Axiom wirklich geklärt oder begründet.

Selbstverständlich ist es nicht möglich und darf auch nicht erwartet werden, daß Gott als Ursprung und Schöpfer der Welt und der Zeit bewiesen wird[247]. Doch in diesem Essay wird, wie es scheint, Gott ohne weitere Begründung einfach 'nach hinten gerückt' und an den nicht mehr erklärbaren Ursprung allen Seins gesetzt, was m.E. leicht so wirken kann, als sei die Hypothese 'Gott' Lückenbüßer für alle (noch) nicht erklärbaren Phänomene dieser Welt. Dies birgt jedoch die Gefahr in sich, Gott desto weiter nach hinten zu stellen, je mehr diese Welt uns durch wissenschaftliche Er-

---

[242] Herms, E., Aussage bei einem Gespräch am 23.2.2000

[243] Vgl. Herms, E., *Meine Zeit in Gottes Händen*, S. 80

[244] Der Zirkelschluß besteht aus meiner Sicht darin, daß argumentiert wird, daß Gott über allen Bedingungen steht und daher allmächtig ist, weshalb er der Urheber des Erscheinens sein muß, wobei er wiederum als Urheber und oberste Instanz über allem stehen und allmächtig sein muß.

[245] Herms, E., Aussage bei einem Gespräch am 23.2.2000

[246] Herms, E., *Meine Zeit in Gottes Händen*, S. 80

[247] Könnte Gott bewiesen werden, so würde dies bedeuten, daß er etwas Innerweltliches wäre, das wir mit unserem menschlichen Verstand umspannen könnten; in diesem Falle könnte man allerdings nicht mehr von Gott als höherem, dem Menschen überlegenem Wesen sprechen.

kenntnis zugänglich und erklärbar wird, bis Gott am Ende überhaupt nicht mehr als Erklärungshypothese benötigt wird und somit völlig 'abgeschafft' werden kann. Um diesem Mißverständnis vorzubeugen, wäre es m.e. nötig, genauer zu begründen, warum man in Gott den Ursprung des Seins, des Erscheinens und der Zeit sieht, und diese Hypothese nicht als Axiom vorauszusetzen.

Zwar ist verständlich, daß Herms nicht nochmals eine gesamte Theologie (im wahrsten Sinne des Wortes) über Gott als den Ursprung allen Seins in sein Essay einfügen kann, da dies den vorgegebenen Rahmen sprengen würde. Dennoch wären etwas mehr Begründungen und Erklärungen sowie die Durchhaltung logischer Argumentation wünschenswert, besonders, da es sich hier in erster Linie um eine christlich-theologische Zeittheorie und nicht nur um eine neutrale und abstrakte Abhandlung über 'Zeit' im allgemeinen oder philosophischen Sinne handelt, so daß eine etwas ausführlichere theologische Reflexion über Gott als den Ursprung allen Seins dem Essay m.E. nicht schaden, sondern nur noch mehr Tiefgang verleihen könnte.

10.3.3 Widerspruch zwischen Freiheit des Menschen und dem Bestimmen Gottes

Ein Thema, das Herms in seinem Essay zwar erwähnt, aber nicht näher ausführt, ist die Frage nach der Freiheit des Menschen und seiner Abhängigkeit von Gott.

Im Zusammenhang mit der 'doppelten Selektivität' (vgl. 8.1.5) stellt Herms dar, daß uns das Erscheinen des *Erscheinens*, also aller transzendenten Sachverhalte einschließlich der Zeit, als selektierte Möglichkeiten aus dem Gesamtraum aller Möglichkeiten erscheint[248]. Später weist Herms auf, daß Gott sowohl der Urheber des Erscheinens ist als auch der Selektor, der aus dem gesamten Möglichkeitsraum aller Fälle des Erscheinens einen Realfall wählt, den er uns Menschen dann als bestimmtes 'Erscheinen für uns' zuteilt[249]. Diese Darstellung von Gott als Urheber und Selektor des Erscheinens und damit auch der Zeit läßt den Menschen als passives 'Opfer', als Erleidenden der von Gott zugeteilten Möglichkeiten und der Zeit wirken; es ist Gott, der wählt, und der Mensch, der die Wahl des Erscheinens zugeteilt bekommt und darin zu agieren hat[250].

---

[248] Vgl. Herms, E., *Meine Zeit in Gottes Händen*, S. 73
[249] Vgl. a.a.O., S. 81
[250] Zwar kann der Mensch laut Herms, wie unter 8.1.11 dargestellt, im Rahmen der ihm von Gott zugeteilten Möglichkeitsmenge aktiv und frei wählen, allerdings ist diese Freiheit m.E. eben durch den vorgegebenen Rahmen stark eingeschränkt und daher nach meinem Empfinden keine wirkliche, absolute Freiheit mehr.

114

Gleichzeitig stellt Herms den Menschen aber auch als frei Handelnden dar, der seine Möglichkeiten, zumindest in manchen Fällen, aus dem Möglichkeitsraum selbst wählt, was Herms, wie bereits dargestellt (vgl. 8.1.7), den 'selektiven Übergang' der 'prozessualen Ordnung' nennt; im Kontrast dazu steht der sog. 'selektive Hervorgang' einer Möglichkeit aus allen gegebenen Möglichkeiten, auf den der Mensch keinen Einfluß hat. Somit scheint es tatsächlich Fälle zu geben, in denen der Mensch frei wählen kann, was für den logischen Zusammenhang von Herms' Essay auch durchaus notwendig ist. Denn nur, wenn der Mensch wählen kann, ist die Differenz zwischen der Vergangenheit als nicht mehr realisierbare, da schon *gewählte* Möglichkeit, und der Zukunft als noch realisierbare, da noch nicht *gewählte* Möglichkeit[251], verständlich. Da diese Differenz von 'schon' und 'noch', von Vergangenheit, Gegenwart und Zukunft für Gott nicht existiert (vgl. 8.1.12), muß es der Mensch sein, der wählt und damit diese Differenz durch seine Wahl in der Gegenwart etabliert: Es ist, aus menschlicher Sicht, diese Gegenwart als Form des 'Seins', die, so Herms, die zwei Formen des 'Nichtseins' von 'schon' und 'noch', von Vergangenheit und Zukunft spaltet[252] und die in der Mitte zwischen noch wählbaren und schon gewählten Möglichkeiten steht.

Demnach ist es der Mensch, der in seiner Gegenwart jeweils neu wählt, während bei Gott Vergangenheit, Gegenwart und Zukunft 'zugleich' als drei Formen des 'Seins' und nicht gespalten 'existieren'. Andererseits ist es dennoch Gott, der dem Menschen die Gegenwart zuteilt.

Wie sich zeigt, ergibt sich hier in der Tat ein Widerspruch zwischen der Wahlmöglichkeit und Freiheit des Menschen einerseits und Gott als dem, der dem Menschen sein Selektat zuteilt, andererseits.

Bezüglich der Zeit hat Herms diesen Widerspruch deutlich aufgezeigt, indem er die *Ambivalenz* des menschlichen Zeiterlebens beschreibt[253], die auf der einen Seite im Erleben der Selbstmächtigkeit des Menschen besteht, der seine Zeit selbst im Rahmen seiner Möglichkeiten bestimmen darf, die aber auf der anderen Seite von der Abhängigkeit des Menschen von der ihn bestimmenden Zeit, die ihm von Gott zugeteilt wird, geprägt wird (vgl. 8.2.2.1).

Allerdings haftet diese Ambivalenz zwischen Selbstmächtigkeit und Abhängigkeit m.E. nicht nur dem Zeiterleben des Menschen an, sondern, betrachtet man den Gesamtkontext von Herms' Essay, dem Leben des Menschen insgesamt. Daraus ergibt sich folglich die Frage: Ist der Mensch letztlich eingeschränkt und fremdbestimmt, da

---

[251] Vgl. Herms, E., *Meine Zeit in Gottes Händen*, S. 74
[252] Vgl. Schaubild unter 8.1.6
[253] Vgl. Herms, E., *Meine Zeit in Gottes Händen*, S. 86

Gott ihm die bereits von Gott selbst selektierten Möglichkeiten des Lebens zuteilt? Oder ist der Mensch frei und kann selbst wählen?

Dieser Frage nach der Freiheit des Menschen einerseits und der Prädestination und des Bestimmtwerdens des Menschen durch Gott andererseits ist in der Theologie bereits viele Male gestellt worden[254], weshalb Herms es evtl. nicht für nötig erachtete, dieses Thema aufzugreifen, zumal, da es weit über den eigentlichen Inhalt seines Essays hinausgegangen wäre. Allerdings läßt sich diese Frage beim Lesen von Herms' Essay, wie ich denke, auch nicht vollkommen unterdrücken, weshalb es aus meiner Sicht hilfreich gewesen wäre, wenn Herms sie kurz aufgegriffen und zumindest in einer Fußnote als Problem dargestellt hätte. Eine (umfassende und völlig zufriedenstellende) Antwort ist, wie ich denke, weder möglich noch im Zusammenhang mit Herms' Thema 'Zeit' überhaupt nötig. Doch das völlige Auslassen der Frage im größeren Zusammenhang mit der Freiheit des Menschen und seiner Abhängigkeit von Gott – nicht nur im Zusammenhang mit der Zeit – ist, wie ich finde, ein kleines Manko des Essays, das sich allerdings leicht beheben ließe und das Essay damit noch vertiefen würde.

10.3.4 Mangelnder Praxisbezug

Herms' Darstellung seiner Zeittheorie ist, wie schon von der Materie her zu erwarten ist, recht trocken, abstrakt und theoretisch, was v.a. im ersten Teil, in dem über 'Zeit' im allgemeinen reflektiert wird, nicht weiter verwundern sollte. Dennoch fällt auf, daß Herms, im Gegensatz zu Augustins Darstellung seiner Zeittheorie, keinerlei Beispiele verwendet, um seine Überlegungen zu veranschaulichen. Daher fällt es m.e. leichter, Augustins Gedankengängen zu folgen, als denen von Herms, obwohl beide dasselbe schwierige und abstrakte Thema 'Zeit' behandeln.

10.3.4.1 Fehlende Alltagsbeispiele im zweiten Teil von Herms' Essay

Noch auffälliger ist Herms' Mangel an Praxisbezug im zweiten Teil seines Essays, da von dessen Aufbau her vermutet werden könnte, daß das Thema *'meine* Zeit' mehr mit der Alltagsrealität zu tun hat als 'Zeit' im allgemeinen. Besonders im dritten Abschnitt des zweiten Teils, in dem es um *'für mich* bestimmte Zeit' und meinen defor-

---

[254] Vgl. z.B. bei Gregor von Rimini (Prädestination, Sünde, Freiheit), Luther (Vom unfreien Willen und der Prädestination), Calvin (Prädestination), K. Barth (*Gottes Gnadenwahl*) J. Moltmann (*Prädestination und Perseveranz*), etc.

mierten Umgang mit ihr geht, handelt es sich eigentlich äußerst konkret um das alltägliche Leben des Menschen. Herms' psychologische Beobachtungsgabe, die die zweifache Deformation des menschlichen Umgangs mit der Zeit – zum einen die 'innere, psychische Deformation', die die menschliche Zeitwahrnehmung aufgrund von Ohnmachtsgefühlen gegenüber der Zeit verzerrt, zum anderen die 'äußere, soziale Deformation', die aus der gegenseitigen Beeinflussung der Menschen im Umgang mit ihrer Zeit resultiert – aufzeigt, läßt vermuten, daß er durchaus realitätsbezogen argumentieren möchte und evtl. sogar konkrete Beispiele vor Augen hat. Da er jedoch trotz dieses praxisbezogenen Ansatzes nicht näher auf die menschliche Alltagswirklichkeit eingeht und v.a. für die 'soziale Deformation' keinerlei Beispiele gibt, wirkt dieser Abschnitt nach meinem Empfinden leider so, als ob sich Herms nach einem 'kurzen Ausflug' in den menschlichen Alltag, wie z.B. in der Fußnote über psychische Behinderungen der inneren Zeitwahrnehmung[255], schnell wieder in die abstrakte Theorie 'zurückzöge', um nicht in die Banalität 'abzurutschen'.

Dieser Wunsch ist durchaus verständlich und geht möglicherweise mit dem Gedanken einher, daß der Leser seine Beispiele besser in seinem eigenen Alltag suchen sollte, als auf ein fremdes Beispiel festgelegt zu werden. Allerdings bewirkt diese Offenheit und das Fehlen jeglicher Konkretion nach meinem Dafürhalten eher, daß unklar bleibt, was Herms genau meint und daß somit mehr Fragen aufgeworfen als beantwortet werden.

Im Hinblick auf die 'soziale Deformation' könnte man sich u.a. fragen, was Herms mit "weltbestimmender Zeit" meint, durch welche die "je durch mich bestimmte Zeit [...] konkret die durch uns bestimmte Zeit [ist]"[256]. Möchte er damit sagen, daß mein Handeln und mein Umgang mit der Zeit gleichzeitig über die Zeit meiner Mitmenschen bestimmt, so daß ich, wenn ich beispielsweise zu einer Verabredung zu spät komme und damit über meine Zeit verfüge, gleichzeitig auch über die Zeit des auf mich Wartenden bestimme?[257]

Ferner wird m.E. nicht vollkommen klar, was Herms mit "sozialer und geschichtlicher Konstitution meiner Zeit"[258] meint. Der Gedanke liegt nahe, daß darunter der Einfluß von Volkszugehörigkeit und der Geschichte des eigenen Volkes, von der Re-

---

[255] Vgl. Herms, E., *Meine Zeit in Gottes Händen*, S. 88, Fußn. 35
[256] A.a.O., S. 87
[257] Oder meint Herms, daß ich, während ich z.B. spreche und damit meine Zeit fülle, auch gleichzeitig die Zeit des mir Zuhörenden fülle, und umgekehrt dessen Zuhören beeinflußt, ob und wie lange ich spreche und wie ich damit über meine Zeit verfüge? Oder würde Herms diese beiden Beispiele als zwei verschiedene Auswirkungen desselben Phänomens der 'weltbestimmenden Zeit' bezeichnen?
[258] Herms, E., *Meine Zeit in Gottes Händen*, S. 88

ligion, von den Vorfahren (als Personen der Vergangenheit) und vom lebendigen Vorbild der Eltern und anderer Bezugspersonen im Hinblick auf mein Handeln und meinen Umgang mit der Zeit zu verstehen ist. Man denke beispielsweise nur an den Umgang mit der Zeit in südeuropäischen oder afrikanischen Ländern, in denen es auf Pünktlichkeit, Eile und den genauen Zeitpunkt von Ereignissen bei weitem nicht so stark ankommt wie bei uns[259]. Auch das religiöse Denken und damit das Geschichtsbild, wie z.b. das zyklische Zeit- und Geschichtsdenken der asiatischen Völker und Religionen wie Hinduismus und Buddhismus im Gegensatz zum linearen Zeit- und Geschichtsbild der westlichen Völker und monotheistischen Religionen, beeinflussen das ganze Leben eines Menschen und sein Bild von der Zeit[260]. Zudem ist die Geschichte eines Volkes, wie z.b. die Exilserfahrung des Volkes Israel im AT[261], entscheidend dafür, wie die einzelnen Mitglieder eines Volkes ihre Gegenwart und ihre Zukunft als 'ihre Zeit' erleben und gestalten.

Alle diese Faktoren könnte man unter 'sozialer Deformation' oder 'geschichtliche Konstitution meiner Zeit' verstehen; aber ob Herms tatsächlich diese genannten Faktoren meint, oder ob er etwas völlig anderes darunter versteht, muß leider offen bleiben.

10.3.4.2 Fehlende Konkretion der Glaubensinhalte im dritten Teil von Herms' Essay

Auch dem dritten Teil von Herms' Essay, in dem das Thema 'Zeit', wie es in Ps 31,16 anklingt, vom Glauben her betrachtet wird, mangelt es m.E. an Praxisnähe. Herms schreibt, daß unsere Deformationen im Umgang mit unserer Zeit durch die Überlegenheit von Gottes Zeit überwunden werden können. Rein theoretisch ist dies durch Herms' vorherige Darstellung unserer Zeit als von Gott zugeteiltes und zuvor für Gott erschienenes Erscheinen des *Erscheinens* durchaus verständlich.

Doch was bedeutet dies konkret für unseren Umgang mit der Zeit, für unsere Zeiterfahrung und unsere Glaubenspraxis? *Wie* kann der Mensch real greifbar in seiner Zeit durch Gott und dessen Zeit 'versöhnt werden' und Gottes "Radikalkorrektur"[262] erfah-

---

[259] Noch fremder ist uns beispielsweise der Umgang mit der Zeit bei den Urvölkern Südamerikas und Südostasiens, wo Chronometer gänzlich unbekannt sind und das Leben nach Jahreszeiten, Sonnenstand und Lebensereignissen statt nach Stunden, Minuten und Jahren gemessen wird; daher werden in diesen Völkern z.B. Geburtstage weder memoriert noch gefeiert.

[260] Die Frage, ob ich nur ein Leben und nur die gegenwärtige, endliche (Lebens-) Zeit oder viele Leben und damit 'viel Zeit' habe, wird in verschiedenen Lebensbereichen entscheidend über mein Denken und damit mein Handeln entscheiden.

[261] Vgl. z.B. II Kön 15,29 und in Bezug darauf Jes 8,23-9,4 (Vgl. *Lexikon zur Bibel*, S. 446)

[262] Herms, E., *Meine Zeit in Gottes Händen*, S. 89

ren? Eine rein verstandes-basierte "Begegnung mit dem Lebenszeugnis des Christus Jesus, wie es im Lebenszeugnis der Kirche begegnet"[263], kann hier wohl nicht gemeint sein, denn ein reines *Verstehen* bzw. eine Begegnung mit dem *Lebenszeugnis* würde höchstwahrscheinlich den Alltag des Menschen nicht auf Dauer verändern können. Oder meint Herms letztlich doch die Begegnung mit Gott bzw. dem auferstandenen Jesus Christus selbst? Sollte dies der Fall sein, so wäre dies besser verständlich, wenn er es deutlich ausdrückte und konkretisierte. Und wie stellt sich Herms den "Eintritt in den kontinuierlichen Prozeß des Erleidens einer Radikalkorrektur"[264] von Gott her vor? Spricht er hier von einem bewußten Schritt des Menschen zu Gott hin, von einer klassischen 'Umkehr', einer Art 'Eintritt in die Sphäre des Glaubens'? All diese Fragen scheinen leider unbeantwortet bleiben zu müssen.

Am Ende seines gesamten Essays erwähnt Herms im Zusammenhang mit der 'Pointe' seines Essays – wir Menschen und die Zeit sind Gottes Geschöpfe – Gottes Wesen, seinen Willen, seine Intentionen und seine Herrlichkeit, die "sich auf dem Antlitz des Gekreuzigten manifestiert"[265]. Dies klingt nach einem tiefen Bekenntnis, läßt aber im Grunde mehr offen, als es erklärt, und erlaubt eine Fülle von Interpretationen. Es ist sehr schade, daß Herms sich so viel Raum in seinem Essay nimmt (fünfzehn Seiten!), um allgemein und theoretisch das Thema 'Zeit' zu entfalten, und auch die Probleme und Deformationen des Menschen im Erleben und Umgang mit seiner Zeit immerhin noch auf fünfeinhalb Seiten darstellt, aber schließlich das eigentliche Zentrum seines Textes, nämlich Gottes Wirken als Schöpfer, Versöhner und Vollender dieser Welt, der Zeit und des Menschen, auf knappen zwei Seiten abhandelt.

Als Theologe, der vorwiegend für Theologen schreibt, kann Herms wahrscheinlich davon ausgehen, daß er verstanden wird und daß alle theologischen und christlich-dogmatischen Konzepte für seine Leser darin mitschwingen, wenn er nur schmale Andeutungen über den Gottesnamen in Ex 3,14 oder über das Wirken und die Weisheit Gottes im 1. und 2. Korintherbrief macht. Dennoch wäre m.E. eine etwas breitere Auslegung dessen, was *er*, Herms, unter diesen Gedanken von Gott als dem 'Ich-bin-der-ich-bin' versteht – einschließlich der Gedanken und Bibelstellen von Gott als dem Schöpfer des Seins (und der Zeit) und als dem, bei dem die Weisheit, die den Menschen als 'Torheit vom Kreuz' erschient, verborgen ist –, wünschenswert. Es ist zwar auch interessant, sich selbst Gedanken darüber zu machen, wie Gott einem nun konkret als der, der unsere deformierte Zeit in seinen Händen hält, helfen kann, den fal-

---

[263] Ebd.
[264] Herms, E., *Meine Zeit in Gottes Händen*, S.89
[265] A.a.O., S. 90

schen Umgang mit der Zeit zu korrigieren; aber noch hilfreicher wäre es, wenn man zumindest ansatzweise wüßte, wie diese Hilfe von Gott in Herms' Augen praktisch aussehen könnte.

Erst dann, wenn Herms konkretere Beispiele und tiefere theologische Ausführungen gäbe, bliebe sein Essay m.E. nicht nur auf der abstrakt-theoretischen Ebene stehen, sondern wäre wirklich hilfreich für das eigene Leben, den eigenen Glauben und den eigenen Umgang mit der Zeit.

Trotz aller Kritik an Herms' Essay soll zuletzt nochmals betont werden, daß das Werk insgesamt sehr viel Tiefgang besitzt und einen stark ins Nachdenken bringen kann. Die inhaltlichen Mängel, die ich aus meiner Sicht aufgezeigt habe, fallen dabei m.E. nicht so sehr ins Gewicht wie die Schwierigkeit, den Text aufgrund seines Aufbaus und Stils zu verstehen. Hat man sich jedoch erst einmal 'durchgekämpft' und Herms' Gedankengänge inhaltlich begriffen, so eröffnen sich einem, wie ich denke, völlig neue Perspektiven, wie man die Zeit und das Wirken Gottes in unsere menschliche Zeit hinein verstehen könnte, so daß sich die intensive Auseinandersetzung mit Herms' Essay *"Meine Zeit in Gottes Händen"* und dem Vers aus Ps 31,16 nach meiner Erfahrung allemal lohnt.

TEIL B: GEGENÜBERSTELLUNG DER DREI ZEITTHEORIEN MIT KOHELET 3

11. Kohelet 3: Zusammenfassung aller Zeittheorien

Um die drei Zeittheorien von Augustin, Michael Ende und Eilert Herms mit ihren unterschiedlichen Ansätzen, das rätselhafte Phänomen 'Zeit' zu verstehen, abzurunden, soll nun zum Abschluß noch ein Bibeltext dargelegt werden, der m.E. in einer theologischen Arbeit über Zeit nicht fehlen darf. Obwohl dieser Bibeltext in keinem der drei Werke erwähnt oder diskutiert wird, paßt er, wie ich denke, sehr gut zu allen drei Zeittheorien, da er einige ihrer zentralen Themen aufgreift, bündelt und in sich vereinigt. Aufgrund seiner poetischen Schönheit soll dieser Abschnitt aus dem Buch Kohelet hier in seiner vollen Länge zitiert werden:

Alles hat seine Zeit

Ein jegliches hat seine Zeit, und alles Vorhaben unter dem Himmel hat seine Stunde:

> *geboren werden hat seine Zeit, sterben hat seine Zeit;*
> *pflanzen hat seine Zeit, ausreißen, was gepflanzt ist, hat seine Zeit;*
> *töten hat seine Zeit, heilen hat seine Zeit;*
> *abbrechen hat seine Zeit, bauen hat seine Zeit;*
> *weinen hat seine Zeit, lachen hat seine Zeit;*
> *klagen hat seine Zeit, tanzen hat seine Zeit;*
> *Steine wegwerfen hat seine Zeit, Steine sammeln hat seine Zeit;*
> *herzen hat seine Zeit, aufhören zu herzen hat seine Zeit;*
> *suchen hat seine Zeit, verlieren hat seine Zeit;*
> *behalten hat seine Zeit, wegwerfen hat seine Zeit;*
> *zerreißen hat seine Zeit, zunähen hat seine Zeit;*
> *schweigen hat seine Zeit, reden hat seine Zeit;*
> *lieben hat seine Zeit, hassen hat seine Zeit;*
> *Streit hat seine Zeit, Frieden hat seine Zeit.*

Man mühe sich ab, wie man will, so hat man doch keinen Gewinn davon. Ich sah die fruchtlose Beschäftigung, die Gott den Menschen auferlegt hat. Er hat alles schön gemacht zu seiner Zeit, auch hat er die Ewigkeit in ihr Herz gelegt; nur daß der Mensch nicht ergründen kann das Werk, das Gott tut, weder Anfang noch Ende.

Da merkte ich, daß es nicht Besseres gibt als fröhlich sein und sich gütlich tun in seinem Leben. Wenn ein Mensch aber zu essen und zu trinken hat und genießen kann nach all seinen Mühen, so verdankt er dies der Güte Gottes.
Ich merkte, daß alles, was Gott tut, das besteht für ewig; man kann nichts dazutun noch wegtun. So hat es Gott gemacht, damit wir in Ehrfurcht zu ihm aufschauen.
Was in der Vergangenheit geschah und was in Zukunft geschehen wird, hat Gott lange zuvor schon festgelegt. Und die Zeit, die uns entschwunden ist, ist bei ihm nicht vergangen.

(Koh 3, 1-15)[266]

Nach gründlicher Bearbeitung von Augustins, Endes und Herms' Darstellungen über Zeit fällt einem beim Lesen dieses Textes aus Koh 3, wie ich denke, sofort auf, daß er überraschenderweise die wichtigsten Punkte aller drei Zeittheorien enthält, die nun hier in Bezug auf diesen Bibeltext erläutert werden sollen.

11.1 Vers 1 und E. Herms: Gott bestimmt die Zeit

Der erste Vers, hier nochmals nach der *"Guten Nachricht Bibel"* zitiert, erinnert stark an **Herms'** Zeitauffassung:

Alles, was auf der Erde geschieht, hat seine <u>von Gott bestimmte</u> Zeit.[267]

Dieser Vers und das darauf folgende, den Vers durch gegensätzliche Beispiele ausschmückende und erklärende Gedicht machen deutlich, daß das, was der Mensch auf Erden tut, von Gott eben durch Gottes Zuteilen der jeweiligen Zeit, in der der Mensch eine Handlung ausführt, bestimmt wird, wie auch der *"Echter Bibel Kommentar"* erläutert:

[...] die Tatsache, daß jede menschliche Situation nicht vom in ihr stehenden Menschen, sondern von außen (im Kontext eindeutig: von Gott her) bestimmt [wird], ist in einem Gedicht von [...] Gegensatzpaaren entfaltet.[268]

---

[266] Zitiert nach Luther (1984) und der *Guten Nachricht Bibel*
[267] Unterstreichung von mir
[268] *Die Neue Echter Bibel*. Kommentar zum AT. Kohelet, S. 31

Auch Herms betont in seinem Essay über Ps 31,16 immer wieder, daß die Zeit das *Erscheinen* des Erscheinenden ist, das Gott uns Menschen zuteilt. Von daher ist das Bestimmen des Menschen über seine Zeit und sein Handeln laut Herms umschlossen und gehalten von Gott und seiner Zeit, die uns bestimmt:

> *Für jedes endliche Ich ist die Zeit jeweils "meine Zeit" [...] in dem Sinne, daß es sich dabei um [...] die mich bestimmende Zeit Gottes [handelt], die zugleich Zeit seiner Welt ist.*
> *[...] die durch uns und für uns bestimmte Zeit [...] ist und bleibt [...] die uns bestimmende Zeit, also Gottes Zeit.[269]*

Somit ist es letztlich nicht der Mensch, der tun und lassen kann, was er will, und über sein Leben bestimmt, sondern Gott, der souverän über allem steht und den Menschen ihre Zeit und auch die 'rechte' Zeit für ihr Handeln zuteilt.

11.2. Verse 2-8 und M. Ende: '*Kairos*' und 'Sternstunden'

Interessant ist in diesem Zusammenhang wiederum die Unterscheidung von χρόνος, der meßbaren Zeit, und καιρός, der idealen, von gott-gegebenen Zeit, um etwas zu tun; letzteres ist laut *"Echter Bibel Kommentar"* in diesem Bibeltext gemeint:

Der Leitbegriff ist [...] "Zeit" (hebr. *'et*), wohinter wohl das griechische καιρός steht.[270]

Der *"Brockhaus Kommentar zur Bibel"* erklärt im Zusammenhang mit diesem Bibelabschnitt den Begriff des καιρός noch näher:

> *Theoretisch ist alle Zeit gleich [χρόνος], aber nur, wenn man davon absieht, was sie füllt. Wir erleben jede Zeit mit ihrer Eigenart und den ihr eigenen Möglichkeiten, d.h. sie ist immer "qualifizierte Zeit", [...] Kairos, der entscheidende Augenblick [...], der Moment, auf den "der Akzent der Ewigkeit" fällt.*
> *[...] Das ihm zufallende Schicksal, d.h. die jeweilige "qualifizierte Zeit", kann der Mensch immer als Kairos verstehen, d.h. aus Gottes Hand nehmen.[271]*

Diese 'qualifizierte Zeit' des καιρός, in den der 'Akzent der Ewigkeit' fällt, findet sich in Michael **Ende**s *"Momo"* in Form der "Sternstunden" wieder, jenen "besonderen Augenblicken", in denen "es sich ergibt, daß alle Dinge und Wesen, bis zu den

---

[269] Herms, E., *Meine Zeit in Gottes Händen*, S. 85-88 (Unterstreichung von mir)
[270] Ebd.

fernsten Sternen hinauf, in ganz einmaliger Weise zusammenwirken, so daß etwas geschehen kann, was weder vorher noch nachher je möglich wäre. [...] Wenn es jemand gibt, der sie erkennt, dann geschehen große Dinge auf der Welt."[272]

Auch, wenn der Prediger die Zeit und den 'richtigen Zeitpunkt' für die Dinge nicht mystisch vom Kosmos und den Gestirnen her versteht wie Michael Ende die 'Sternstunden', sondern den 'καιρός' als von Gott gegeben und festgelegt ansieht, so ist doch die Übereinstimmung zwischen Endes 'Sternstunden' und des Predigers 'καιρός' m.E. äußerst auffällig.

11.3 Verse 12+13 und M. Ende: Das 'Jetzt' auskosten

Ein weiterer wichtiger Punkt, den M. Ende mit seinem Kinderbuch deutlich machen möchte, ist die Schönheit des jeweiligen Augenblicks, der in seiner Einmaligkeit nie wiederkehrt (vgl. 7.3.2). Das Buch lehrt uns durch Momos Trauer beim immer wiederkehrenden Verblühen der jeweils wunderschönsten und einzigartigen Stundenblume, das Jetzt zu schätzen, auszukosten und zu genießen, anstatt der Zeit hinterherzujagen wie die von den grauen Herren betrogenen Menschen in der Stadt. Genau dasselbe lehrt uns der Prediger in den Versen 12+13 von Koh 3:

Ich bin zu der Erkenntnis gekommen: Das Beste, was der Mensch tun kann, ist, sich zu freuen und sein Leben zu genießen, solange er es hat. Wenn er aber zu essen und zu trinken hat und genießen kann, was er sich erarbeitet hat, dann verdankt er das der Güte Gottes.[273]

Der *"Brockhaus Kommentar zur Bibel"* bemerkt dazu treffend:

[...] das Annehmen des Planes Gottes [...]: Das macht frei zum Leben im Heute.[274]

Diese 'Freiheit zum Jetzt' betonen sowohl der Prediger als auch Ende mit seinem Aufruf zum bewußten (Er-) Leben jedes Augenblicks.

---

[271] *Brockhaus Kommentar zur Bibel* 2, S.695
[272] Ende, M., *Momo*, S. 146/47
[273] Zitiert nach der *Guten Nachricht Bibel*
[274] *Brockhaus Kommentar zur Bibel* , S.695 (Kursivdruck von mir)

11.4 Vers 15 und E. Herms: Gott steht 'über' der menschlichen Zeit

Allerdings ist auch das Genießen der Gegenwart nichts, was vor der Ewigkeit (Gottes) Bestand hat, sondern ist, im Gesamtkontext des Kohelet gesehen, "eitel und Haschen nach Wind"[275], wie der *"Brockhaus Kommentar zur Bibel"* in seiner Einleitung zum Kohelet erklärt:

> [...] wenn der Mensch die Welt als Selbstzweck ansieht und wenn es sein Hauptziel ist, die Welt zu gewinnen, ist er der Vergänglichkeit verfallen.[276]

Das einzige, was von Bestand ist, ist Gott und seine Ewigkeit, die völlig anders geartet ist als unsere menschliche Zeit (vgl. Koh 3,11). Auch in diesem Punkt nimmt der Prediger unsere modernen Zeittheorien vorweg, indem er, wie **Herms**, feststellt, daß Gottes Ewigkeit nicht mit unserer Zeit vergleichbar ist und daß bei Gott keine Aufteilung von Vergangenheit, Gegenwart und Zukunft existiert, sondern daß er 'über' unserer Zeit steht und diese bestimmt. So schreibt der Prediger in Vers 15:

> Was in der Vergangenheit geschah und was in Zukunft geschehen wird, hat Gott lange zuvor schon festgelegt. Und die Zeit, die uns entschwunden ist, ist bei ihm nicht vergangen.[277]

Herms kommt in seiner Untersuchung der Zeit zu demselben Ergebnis, wenn er schreibt, daß das aus menschlicher Perspektive scheinbare 'Nichtsein' von Vergangenheit und Zukunft von Gottes Zeit her als 'Sein' zu betrachten ist[278], da Gott als 'höhere Instanz' die 'notwendige Bedingung' für die Existenz von Zeit[279] sowie ihr Urheber ist und damit 'über' der Zeit steht, so daß er Vergangenheit, Gegenwart und Zukunft in seiner Zeit vereinigt. Herms schreibt:

> [...] unsere [Zeit] und ihre Möglichkeiten [...] [sind] Selektate aus Gottes Zeit. [...] das Erscheinende 2. Ordnung [=Zeit] [ist] durch Selektion Gottes aus seinen Möglichkeiten konstituiert [...] als durch Gott zu bestimmender Sachverhalt, auf den sich sein bestimmendes Tun richtet.
> [...] realisierte [=vergangene] Möglichkeiten [sind] [...] Bestimmbares, das schon wieder in Gottes Zeit und nicht mehr in unserer existiert.[280]

---

[275] Koh 1,14; 4,6
[276] *Brockhaus Kommentar zur Bibel*, S. 692
[277] Zitiert nach der *Guten Nachricht Bibel*
[278] Vgl. Herms, E., *Meine Zeit in Gottes Händen*, S. 82
[279] Vgl. a.a.O., S. 80
[280] Herms, E., *Meine Zeit in Gottes Händen*, S. 82/83

Bei genauerem Hinsehen beschreibt dieses Zitat von Herms mit anderen Worten genau den Gedankengang des Predigers: Unsere Zeit wird von Gott bestimmt, und das, was für uns bereits zur Vergangenheit gehört, ist bei Gott in seiner Zeit 'immerwährende Gegenwart'.

11.5 Vers 14f und Augustin: Gott kennt kein 'gestern' oder 'morgen'

Wie bereits erläutert, stellt der Prediger die 'Zeitlosigkeit' bzw. 'Zeitunabhängigkeit' Gottes fest, der über unsere Zeit bestimmt; alles, was Gott tut, das ist, im Gegensatz zum menschlichen Tun, ewig:

Ich merkte, daß alles, was Gott tut, das besteht für ewig; man kann nichts dazutun noch wegtun.
Was geschieht, das ist schon längst gewesen, und was sein wird, ist auch schon längst gewesen; und Gott holt wieder hervor, was vergangen ist.[281]

Dieser Gedanke des Predigers über Gott, der aus seiner Ewigkeit heraus unsere Zeit verfügt, findet sich auch in den "*Confessiones*" **Augustin**s, der schreibt:

Quis tenebit cor hominis, ut stet et videat, quomodo stans dictet futura et praeterita tempora nec futura nec praeterita aeternitas?[282]

Auch die Feststellung des Predigers, daß alles, was Gott tut, 'zeit-los', also ewig, ist und daß Gott dementsprechend frei ist von zeitlichen Beschränkungen wie 'Vergangenheit' bzw. 'gestern' oder 'Zukunft' bzw. 'morgen', sind im 16. Kapitel des XI. Buches der "*Confessiones*" ganz ähnlich ausgedrückt:

... dies tuus non "cotidie", sed "hodie", quia hodiernus tuus non cedit crastino; neque enim succedit hesterno. Hodiernus tuus aeternitas. ... Omnia tempora tu fecisti, et ante omnia tempora tu "es".[283]

Somit ist die Zeit aus unserer menschlichen Perspektive, wie der Prediger und Augustin aufzeigen, eine Abfolge von aufeinanderfolgenden Tagen; bei Gott jedoch besteht kein Unterschied zwischen längst Gewesenem und noch Zukünftigem, 'gestern' ist für ihn Gegenwart, und sein 'Heute ist die Ewigkeit'.

---

[281] Zitiert nach M. Luther: Koh 3,14a+15.
[282] *Confessiones* nach Bernhart, S. 622 (Kap. 14)
[283] Ebd., S. 626 (Kap. 16)

11.6 Vers 11, Augustin und Herms: Erahnen der Größe Gottes

Die bisher angeführten Zitate lassen bereits erkennen, daß trotz aller Übereinstimmung zwischen dem Predigertext und Herms oder M. Ende **Augustin**s Zeitabhandlung von seiner Einstellung, seinem Stil und seinem Gedankengang her Kohelet 3 am stärksten ähnelt. Auch Augustin stellt, wie der Prediger, immer wieder rhetorische Fragen (vgl. V.10), um den Leser zum Nachdenken zu bewegen, und auch er zeigt in seinen gesamten *"Confessiones"*, genau wie der Prediger im gesamten Kohelet, auf, daß alles Streben nach Weisheit und Philosophie und alle Mühe des Menschen vergeblich ist[284], wenn er das Leben nicht " 'aus der Hand Gottes' annimmt"[285], wie der *"Brockhaus Kommentar zur Bibel"* in seinem Vorwort zum Kohelet darlegt.

Diese Größe Gottes können wir Menschen erahnen, wenn wir unsere von Gott geschaffene Zeit betrachten und als winzigen Ausschnitt aus Gottes Ewigkeit erkennen, die er "uns ins Herz gelegt" hat, wie dies uns der Prediger in Vers 11 darstellt:

Gott hat alles schön gemacht zu seiner Zeit. Auch hat er dem Menschen eine Ahnung von dem riesigen Ausmaß der Zeiträume gegeben, aber von dem, was Gott in dieser unvorstellbar langen Zeit tut, kann der einzelne Mensch nur einen winzigen Ausschnitt wahrnehmen.[286]

Wie der Prediger Gottes möchte uns auch **Augustin** in und mit seinen *"Confessiones"* auf diese unvorstellbare Größe Gottes hinweisen, wenn er schreibt:

Cur ergo tibi, (domine), tot rerum narrationes digero? Non utique ut per me noveris ea, sed affectum meum excito in te et eorum, qui haec legunt, ut dicamus omnes: "magnus dominus et laudabilis valde".[287]

Der Mensch allerdings ist, wie bereits der Prediger erkannte, viel zu 'klein', um Gottes Weisheit und Gedanken sowie Zeit und Ewigkeit zu begreifen, wie auch Augustin klagt:

[...] scientia nostra scientiae tuae conparata ignorantia est.[288]

---

[284] Vgl. z.B. Kap. 39: "*... distentio est vita mea.*" (*Confessiones* nach Bernhart, Kap. 39, S. 664)
[285] *Brockhaus Kommentar zur Bibel*, S. 692
[286] Zitiert nach Luther und der *Guten Nachricht Bibel*
[287] *Confessiones* nach Bernhart, S. 604 (Kap. 1)
[288] A.a.O., S. 610 (Kap. 6)

Ähnliches schreibt auch **Herms**, der in seinem Essay über Ps 31,16 feststellt, daß der Mensch unter der Ambivalenz zwischen Selbstbestimmung und Gottes Bestimmen und unter dem Kontrast von eigener Endlichkeit und Gottes Unendlichkeit leidet:

> *Im Selbsterleben ist die endliche Person dessen inne, daß sie das Konstituiert-werden ihrer selbst durch das* Erscheinen-des-Erscheinenden-[...] [=die Zeit] *nur erleidet. Sie erleidet darin die* <u>Zeit Gottes</u> *als die sie zum endlichen Selbst,* <u>zur endlichen Person bestimmenden</u> *Zeit.*[289]

Diesen Kontrast zwischen Zeit und Ewigkeit, wie er in Vers 11 von Koh 3 anklingt, bringt der *"Brockhaus Kommentar zur Bibel"* in Bezug auf diesen Vers folgendermaßen zur Sprache:

> *Die Spannung zwischen Heute und Ewigkeit im Leben des Menschen ist letztlich nicht auflösbar.*[290]

Trotz der Unauflösbarkeit dieser Spannung kann der Mensch jedoch, so Herms, durch die Versöhnung, die Gott stiftet, mit der Differenz zwischen Gottes Allmacht, Größe und Unendlichkeit und seinem eigenen Erleiden als endliche, von seiner (endlichen) Zeit bestimmte und ohnmächtige Person umgehen lernen, indem er, genau wie der Prediger, auf Gottes unergründliche Größe und Ewigkeit schaut und von daher laut Herms mit Gottes Hilfe und Treue rechnet:

> *Daß unsere uns bestimmende Weltzeit Gottes auf Versöhnung zielt, heißt, [...] daß [die] Korrektur [unseres Umgangs mit der Zeit] zum Erleben der Wahrheit über unsere Zeit als Gottes Zeit wird, die in sich selbst Manifestation seiner Treue und Wahrheit ist.*[291]

Was ist diese Herms'sche Erkenntnis über 'unsere Zeit als Gottes Zeit' anderes als das, was bereits der Prediger in Koh 3,11 feststellte: 'Gott hat die Ewigkeit in der Menschen Herz gelegt'?

---

[289] Herms, E., *Meine Zeit in Gottes Händen*, S. 85
[290] *Brockhaus Kommentar zur Bibel*, S. 695
[291] Herms, E., *Meine Zeit in Gottes Händen*, S. 89

11.7 Prediger, Augustin, Ende, Herms: Gottes Größe führt zu menschlicher Ehrfurcht

Somit ist Koh 3,1-15, wie ich denke, eine gute Zusammenfassung dessen, was Augustin, Ende und Herms über Zeit und Ewigkeit, über Gott und den Menschen gedacht und geschrieben haben.

Und genau wie Augustin, der die Menschen durch seine Überlegungen auf Gott hinweisen und ins Staunen über Gottes Weisheit versetzen wollte – ähnlich wie Michael Ende seine Leser zum Staunen über die Größe der Zeit und des gesamten Kosmos bringen möchte[292] –, ist letztlich auch dies das Anliegen des Predigers: durch das Nachdenken über die Zeit, wie Gott sie geschaffen und bestimmt hat, soll der Mensch zur Anbetung Gottes gelangen:

So hat es Gott eingerichtet, damit wir in Ehrfurcht zu ihm aufschauen. (Koh 3,14b)[293]

Zum Schluß dieser Arbeit soll nun, um den Bogen zu ihrem Beginn zu schließen, nochmals kurz mein eigenes Zeiterleben, auch in Bezug zu den drei behandelten Zeittheorien, zur Sprache kommen.

---

[292] Vgl. Ende, M., *Momo*, S. 164
[293] Zitiert nach der *Guten Nachricht Bibel* (Fettdruck von mir)

SCHLUSSBEMERKUNGEN

Bewertung der "Confessiones" und "Momos" sowie Herms' Essay "Meine Zeit in Gottes Händen" aufgrund eigener Zeiterfahrung

Weder die theoretisch-philosophischen Zeitabhandlungen von Augustin in seinem XI. Buch der *"Confessiones"* und von Herms in seinem Essay *"Meine Zeit in Gottes Händen"*, noch Momos Zeit-Erleben im 12. Kapitel von Michael Endes 'Märchen-Roman' scheinen mir fremd oder nicht nachvollziehbar.

Augustins Überlegung, die auch in Meister Horas Rätsel bei *"Momo"* vorkommt, was 'Zeit' sei, sowie die Frage, ob Vergangenheit und Zukunft überhaupt existieren und wo sie sich befinden, habe ich mir als Jugendliche bereits selbst gestellt. Dazu nochmals ein Zitat aus meinem Tagebuch, das wie das eingangs erwähnte ebenfalls aus meiner Abiturzeit stammt:

> *Wo führt mein Lebensweg hin, dessen Anfang jetzt schon im Dunkel liegt und dessen Spur immer erst dann sichtbar ist, wenn der Augenblick schon der Vergangenheit angehört? ... Was geschieht mit dem Heute, wenn es morgen zum Gestern wird?*

Aus diesen Gedanken heraus gefiel mir Augustins Zeitabhandlung schon damals sehr gut, und ich stimme auch heute noch größtenteils mit seiner Erkenntnis überein, daß im Grunde nur der gegenwärtige, nicht greifbare oder meßbare Augenblick unsere 'Zeit' ist. Obwohl mir Augustins lakonische Feststellung über die 'Nicht-Existenz' von Vergangenheit und Zukunft, die er ohne größere Beweisführung als Prämisse voraussetzt, etwas zu überspitzt erscheint (*non esse* ist eine sehr starke Formulierung), teile ich seine Auffassung von der Notwendigkeit von Erinnerung und Erwartung in unserem *animus*, um Zeit in ihrer Dauer wahrnehmen zu können.

Auch Herms stellt wie Augustin Vergangenheit und Zukunft als zwei Formen des 'Nichtseins' für den Menschen dar, leitet diese Feststellung jedoch systematisch her und begründet sie so, daß man der zwingenden Logik seiner Gedankengänge folgen kann. Ferner entfaltet er schrittweise die Idee von der 'gleichzeitigen' Existenz bzw. den drei Formen des 'Seins' von Vergangenheit, Zukunft *und* Gegenwart bei Gott. Somit greift Herms sowohl in diesem als auch in anderen Punkten Augustins Zeitabhandlung auf und führt diese weiter, ohne daß sie jedoch (außer in einer Fußnote) ausdrücklich erwähnt wird. Dadurch vertieft Herms nochmals den bei Augustin bereits dargestellten Zusammenhang von Gottes Zeit und unserer Zeit, die von Gott geschenkt und geprägt wird.

Augustin knüpft immer wieder an sein eigenes, für mich gut nachvollziehbares Zeiterleben an, so daß seine Abhandlung mir trotz der theoretischen Ausrichtung nicht trocken vorkommt. Herms' Essay wirkt dagegen mangels Alltagsbeispielen viel unzugänglicher, belohnt einen aber nach mühsamer Lektüre umso mehr mit tiefen Einsichten und neuen Erkenntnissen, denen man dann allerdings selbst sein eigenes Zeiterleben zuordnen muß.

Augustins Glauben, der unsere menschliche, vergängliche Zeit auf die Ewigkeit Gottes bezieht und seine Gedanken somit in den größeren Zusammenhang einer persönlichen Gottesbeziehung und Gotteserfahrung stellt, gibt dem XI. Buch seiner *"Confessiones"* eine besondere Tiefe und macht es für mich daher sehr wertvoll. Auch Herms stellt unser Zeiterleben in den Zusammenhang von Gottes heilsamem Wirken, das man in der Begegnung mit ihm erfahren kann, wobei diese Dimension des Glaubens allerdings bei Herms leider nicht näher konkretisiert wird. Daher ist es in diesem Punkt, im Gegensatz zu dem Thema der Existenz von Vergangenheit und Zukunft, eher so, daß Augustin Herms zu vertiefen scheint indem die Darstellung des Kirchenvaters die Möglichkeit der konkreten Gotteserfahrung im menschlichen Alltag greifbar macht.

Doch auch Endes *"Momo"*, dessen Titelfigur man wegen ihrer kindlichen Naivität, Offenheit, intensiven Freundschaften und Zeit zum Zuhören sofort ins Herz schließt, beeindruckt mich durch die Phantasie, den Ideenreichtum und die Fülle von Bildern und Symbolen, die Ende für 'die Zeit' verwendet.

Das Bewußtsein der Kostbarkeit der Zeit, wie sie sich auch bei Augustin findet, und die Faszination über die Schönheit des Augenblicks, wie Momo sie beim Betrachten der Stundenblumen empfindet, ist etwas, was ich – v.a. als Kind – schon oft erlebt habe, was einem aber leider, besonders als Erwachsener, sehr leicht verloren gehen kann. Die Lektüre *Momos* kann einen daher immer wieder auf die Gefahr, sich in der Hektik unseres modernen westlichen Lebensstils zu verlieren, aufmerksam machen und einem helfen, sich dem Sog der Hast, Lieb- und Leblosigkeit entgegenzustellen. Dabei sollte man allerdings Endes okkult-synkretistisches Weltbild, in dem der biblische Gott durch das Universum und den Tod als göttliche Mächte ersetzt wird, nicht außer Acht lassen, sondern als Christ kritisch hinterfragen und sich nicht davon beeinflussen lassen.

Insgesamt läßt sich sagen, daß die parallele Untersuchung der drei Werke und ihr Vergleich mir ein neues Bewußtsein für die Zeit und mein Zeiterleben gegeben hat und daß ich Augustins, Endes und Herms' Zeit-Betrachtungen als gegenseitige Ergänzung empfinde. In meinen Augen legt Augustins Theorie die bildliche Sprache

Endes aus, während Herms und Augustin sich in einigen Punkten gegenseitig theologisch vertiefen und bereichern. Gleichzeitig stellt Endes 'Märchen-Roman' einiges von Augustins Überlegungen bildhaft dar, so daß die drei Werke zusammen ein rundes Bild von dem Phänomen 'Zeit' zeichnen, was eines alleine einem nicht in dem Maße geben könnte.

Stellt man die drei Zeittheorien schließlich in den Zusammenhang des noch viele Jahrhunderte älteren poetischen Textes über die Zeit in Kohelet 3, so gelangt man zu gedanklichen Höhen, Breiten und Tiefen über die Zeit, die man vorher kaum erahnen konnte und die einen neugierig machen, auf dem Weg des Nachdenkens über die Zeit und ihr Verankertsein in Gott fortzuschreiten und weitere Schätze zu entdecken.

LITERATURHINWEISE

Quellentexte:

Augustin, Aurelius, *Confessiones (Bekenntnisse)*, Lateinisch und Deutsch, Eingeleitet, übertragen und erläutert von Joseph Bernhart, Insel Verlag, Frankfurt/Main, 1987
Augustin, Aurelius, *Confessiones (Bekenntnisse)*, Übertragen von Herman Hefele, Union Verlag, Berlin, 1959
Augustin, Aurelius, *Confessiones (Bekenntnisse)*, XI. Buch, Übertragen von Carl Johan Perl, mit Anmerkungen von Adolf Holl, Schöningh Verlag, Paderborn, 1964

Ende, Michael, *Momo - oder: Die seltsame Geschichte von den Zeit-Dieben und von dem Kind, das den Menschen die gestohlene Zeit zurückbrachte.* Ein Märchen-Roman, Thienemanns Verlag, Stuttgart, 1973

Herms, Eilert, *Meine Zeit in Gottes Händen*, In: Stock, Konrad (Hrg.), *Zeit und Schöpfung*, Gütersloher Verlagshaus, Gütersloh, 1997

Sekundärliteratur:

Bauer, Wolfgang (Hrg.), *Lexikon der Symbole*, Fourier Wiesbaden, 1994 (wichtig hierin v.a. die Artikel von Golowin, Sergius, *Ursymbole, Astrologische Symbole* und *Symbole des Tarot*)
Berger, Klaus, *Michael Ende - Heilung durch magische Phantasien?*, Verlag und Schriftenmission der Evangelischen Gesellschaft, Wuppertal, [2]1988
Brockhaus Kommentar zur Bibel 2, Hiob – Hoheslied, Guthrie, Donald & Motyer, J. Alec (Hrg.), Brockhaus Verlag, Wuppertal, 1981
Chronik des Christentums, Chronik Verlag (Hrg.), München, 1997
Das moderne Lexikon, C.A. Koch's Verlag, Berlin, 1973
Die Neue Echter Bibel, Kommentar zum AT mit der Einheitsübersetzung. Kohelet. Lohfink, Norbert (Hrg.), Echter Verlag, Würzburg, 1980
Douglass, Klaus, *Glaube hat Gründe*, Kreuz Verlag, Stuttgart, 1994

Engelhardt, Udo, *Die Renaissance der Zeitwahrnehmung – Der Kairos als Ansporn zu erfülltem Leben*, Diplomarbeit an der Kath. Fachhochschule Mainz, Fachbereich Praktische Theologie, WS 1993/94, vorgelegt bei Herrn Prof. Dr. R. Tannert

Fischer, Norbert (Hrg.), *Die Confessiones des Augustin von Hippo. Einführung und Interpretation zu den dreizehn Büchern*, Herder Verlag, Freiburg, 1998

Flasch, Kurt, *Augustin - Einführung in sein Denken*, Reclam, Stuttgart, ²1994

Flasch, Kurt, *Was ist Zeit? - Augustinus von Hippo: Das XI. Buch der Confessiones. Eine historisch-philosophische Studie.* Text - Übersetzung - Kommentar, Klostermann Verlag, Frankfurt/Main, 1993

Gute Nachricht Bibel (mit Anhang mit Sacherklärungen), Deutsche Bibelgesellschaft, Stuttgart, revidierte Fassung, 1997

Herms, Eilert, *Prozeß und Zeit. Überlegungen eines Theologen zu Friedrich Crames Essay "Der Zeitbaum"*, In: Laarmann, Matthias & Trappe, Tobias (Hrg.), *Erfahrung, Geschichte, Identität. Zum Schnittpunkt von Philosophie und Theologie*, Herder Vlg., Freiburg, 1997

Herms, E., Selbstdarstellung, In: Henninger, Christian & Lehmkühler, Karsten (Hrg.), *Systematische Theologie der Gegenwart in Selbstdarstellungen*, Mohr Siebeck Vlg., Tübingen, 1998

Holl, Adolf, *Anmerkungen zum XI. Buch der Confessiones*, In: Augustin, Aurelius, *Confessiones*, Übertragen von Carl Johan Perl, Schöningh Verlag, Paderborn, ²1964

Jaspers, Karl, *Augustin*, R.Piper&Co. Verlag, München, 1976

[Kerkhoff, Manfred, *Zum antiken Begriff des Kairos*, In: *Zeitschrift für philosophische Forschung*, 27, 1973, 256-274, In: Engelhardt, U.: *Der Kairos als Ansporn zu erfülltem Leben*, s.o.]

Kortmann, Bernd, *Linguistik: Essentials; Anglistik • Amerikanistik*, Cornelsen Verlag, Berlin, 1999

Kübler-Ross, Elisabeth, *Über den Tod und das Leben danach*, Silberschnur Verlag

Kursbuch Religion 9/10, Calwer / Disterweg Vlg., 1979

Lévinas, Emmanuel, *Gott, der Tod und die Zeit*, Edition Passagen, Wien, 1996

Lexikon zur Bibel, s. Rienecker

Ludwig, Claudia, *Was du ererbt von deinen Vätern hast... - Michael Endes Phantásien - Symbolik und literarische Quellen*, Europäische Hochschulschriften, Peter Lang Verlag, Frankfurt/Main, 1988

[Lurker, Manfred, *Der Kreis als Symbol im Denken, Glauben und künstlerischen Gestalten der Menschheit*, R.Wunderlich Verlag, Tübingen, 1981, In: Ludwig,
C., *Was du ererbt ...* , s.o.]

McDowell, Josh, *Die Bibel im Test*, Hänssler-Verlag, Neuhausen-Stuttgart, 1987

Reallexikon der Assyrologie, s. Weippert

Rienecker, Fritz (Hrg.), *Lexikon zur Bibel*, Brockhaus Vlg., Wuppertal, [19]1991

Weippert, M., Artikel *Jahwe*, In: *Reallexikon der Assyrologie*, V, 1976-1980, S. 246-
253

[Zimmer, Dieter E., *Der Mann, der unserer Zeit die Mythen schreibt*, In: Zeitschrift
"Die ZEIT", Nr. 24, 5.6.1981, In: Berger, Klaus, *Michael Ende - Heilung
durch magische Phantasien*, s.o.]

SIGLA

Sigla der Bücher des Alten und Neuen Testaments

Die Abkürzungen folgen der Lutherbibel von 1984, S.14*

Theologische Sigla

AT: Altes Testament
atl.: alttestamentlich
JohEv: Johannesevangelium
NT: Neues Testament
ntl.: neutestamentlich

BIBELSTELLENREGISTER

PERSONENREGISTER

BEGRIFFSREGISTER